U0101153

后浪

インド文化入門

印度
文化常识

[日] 辛岛昇 著

童晓薇 译

贵州出版集团
贵州人民出版社

INDO BUNKA NYUMON

BY Noboru KARASHIMA

Copyright © 2020 Takako KARASHIMA

Original Japanese edition published byh Chikumashobo Ltd.

All rights reserved.

Chinese (in Simplified character only) translation copyright © 2023 by Ginkgo
(Shanghai) Book Co., Ltd.

Chinese (in Simplified character only) translation rights arranged with Chikumashobo
Ltd. through BARDON CHINESE CREATIVE AGENCY LIMITED, Hong Kong.

本书中文简体版权归属于银杏树下（上海）图书有限责任公司
著作权合同登记号 图字：22-2023-097

图书在版编目（ＣＩＰ）数据

印度文化常识 /（日）辛岛昇著；童晓薇译. —贵
阳：贵州人民出版社，2023.9
ISBN 978-7-221-17832-9

Ⅰ. ①印… Ⅱ. ①辛… ②童… Ⅲ. ①文化史—研究
—印度 Ⅳ. ①K351.03

中国国家版本馆CIP数据核字(2023)第160077号

YINDU WENHUA CHANGSHI
印度文化常识

[日] 辛岛昇　著

童晓薇　译

出 版 人：朱文迅		选题策划：后浪出版公司	
出版统筹：吴兴元		编辑统筹：丛 铭	
策划编辑：王潇潇		特约编辑：丛 铭	
责任编辑：潘江云		封面设计：墨白空间·黄 海	
责任印制：常会杰			

出版发行　贵州出版集团　贵州人民出版社
地　　址　贵阳市观山湖区会展东路 SOHO 办公区 A 座
印　　刷　天津中印联印务有限公司
版　　次　2023 年 9 月第 1 版
印　　次　2023 年 9 月第 1 次印刷
开　　本　787 毫米 × 1092 毫米　1/32
印　　张　7.75
字　　数　100 千字
书　　号　ISBN 978-7-221-17832-9
定　　价　45.00 元

贵州人民出版社微信

目录

前　言

对大多数人来说，南亚是一个未知的世界。它与我们生活的东亚或东南亚相比，具有鲜明的独特性。那么反过来，了解南亚将有助于我们进一步了解东亚的独特性。

南亚（印度）曾有过灿烂的文明，但自18世纪末沦为殖民地以来的大约两百年间，文明的光辉逐渐黯淡了。虽然在此期间，印度向世界输送了以圣雄甘地为代表的诸多杰出人才，但处于英国统治下的印度人，依然走在一条苦难的荆棘之路上。这种苦难在印度独立后，仍以各种形态持续着。但是，我相信曾有过辉煌文明的印度，在21世纪一定会再次向世界展示出新的文化面貌。

从多民族的交往和异文化的碰撞中诞生了"印度"文化，我们期盼孕育了"印度"文化的南亚可以启示我们：不同的民族应如何和平共存于这个地球上？这也正是我们学习南亚文化的意义。虽然现实中的南亚还存在着印度与巴基斯坦的纷争，斯里兰卡的僧伽罗与泰米尔的民族冲突，但从包含对立与冲突的南亚历史文化中，我们应该可以学习到很多，我们需要与南亚人民一起共同思考我们所面临的问题。

1995 年，我为放送大学[1]制作了一档名为《南亚的历史与文化》的电视节目。这个节目以文化为中心，从历史上南亚次大陆诸民族的交往开始，一直概述到现代政治，1996 年起连续播放了四年。后出版了纸质教材，现仍在销售。

这次的节目《学习南亚文化》，是从那档节目的众多话题中，挑选了几个对理解南亚社会与文化尤为重要的话题进行讲解，节目的特点是通过"事物"与"现象"来学习南亚文化。

具体地说，即尝试通过故事、遗迹、瓷器、石

1　位于日本千叶县的一所私立大学，1983 年建校。本书脚注和括注如无特别说明，均为译者注。

刻、咖喱饭、绘画、电影、报纸等这些身边有趣的"线索"去理解印度文化。如果观众看完我的节目，在感慨"原来通过这些也可以了解历史文化啊"的同时，还能领悟到"原来南亚还存在这样一些问题啊"，或者"多样性统一原来是这么回事啊"，我自不胜荣焉。

　　这本书仅一册，因为我的目标就是用一册的容量来承载我希望读者了解的内容。影像节目和本书的内容虽不完全相同，也已经制作完结了。希望大家看了书去看视频，或者看了视频再来看书，两者互为补充，可加深理解。

2000 年 2 月 25 日

于镰仓净明寺居所内

1/ 围绕《罗摩衍那》

—— 多样性故事的发展与历史意义

阿约提亚事件

1992 年 12 月 6 日，印度北部发生了一个大事件，即阿约提亚事件。这个事件在加尔各答、孟买等地，引发了印度教徒与穆斯林之间的冲突，造成持续骚乱。日本也做了大量报道，大概许多人仍留有印象吧。在北印度中部北方邦的古都阿约提亚有座巴布里清真寺，这个清真寺被众多印度教至上主义者拆毁了。

至于拆毁理由，破坏者们是这样说的：据印度两大史诗之一、著名的《罗摩衍那》记载，阿约提亚是故事主人公——作为毗湿奴神的化身受到信奉的罗摩王子的诞生和居住地，自古就建有纪念王子诞辰的"罗摩王子诞生寺院"。但是，在距今约 500 年前的 1526 年，于德里开创了莫卧儿王朝的穆斯林王巴布尔拆毁了罗摩王子诞生寺院，在原址建造了一座清真寺。所以，现在，我们就拆毁巴布尔的清真寺，重新建造一座罗摩庙。

这种言论很早以前就有过，但进入 1980 年代后，随着标榜印度教至上的政党 BJP（Bharatiya Janata Party，印度人民党）实力增强而日嚣尘上。BJP 和 RSS（Rashtriya Swayamsevak Sangh，国民志愿服务团）关系密切，后者是一个与圣雄甘地被刺杀有关的激进印度教至上主义组织。BJP 因忌惮 1980 年代以来伊斯兰原教旨主义的兴起，一直在寻找攻击印度国内穆斯林的机会。他们在 1990 年举行了一场盛大的罗摩庙重建活动，当时还没有到要摧毁清真寺的地步，但意欲阻止他们的政府内阁倒台了。1992 年清真寺被拆毁时，BJP 遭到舆论谴责，虽没有造成内阁下台，但在加尔各答、孟买等地接连爆发了穆斯林与印度教徒之间的暴力冲突。关于这次的孟买暴乱，可参考第 12 章与电影相关的内容。

《罗摩衍那》是成书于古印度的长篇叙事诗。即便其故事内核建立在某些史实基础上，也不应把故事作为史实来对待。但是，现实中是这样的：1994 年在德里召开的第三届世界考古学家会议上，围绕是否要将罗摩庙的存在和巴布尔的破坏，以及《罗摩衍那》本身的史实性等问题纳入会议议程的讨论，支持与拒绝的学者扭打成一团。日本曾把《日本书纪》当作史书，炮制了"纪元 2600 年"[1]一词，对战前有所了解的日本人可能都无法忘怀，而类似的荒唐情形正在现代印度社会上演。

在 1990 年第一次阿约提亚活动后出版的书籍中，有一部是近代史研究者 S. 戈帕尔教授（Sarvepalli Gopal）编纂的《冲突的解剖》（Anatomy of a Confrontation），其中收录了古代史专家罗米拉·塔帕尔（Romila Thapar）教授执笔的论文《罗摩故事的历史展望》。这是一篇视野宽广、洞察敏锐的优秀论文。下面便依据这篇论文来思考《罗摩衍那》与印度文化的诸多问题。

---

[1]　1940 年，日本政府依据《日本书纪》的记载，把难以考证的初代天皇神武天皇即位年（公元前 660 年）作为天皇纪元的开始。

跋弥[1]的《罗摩衍那》

《罗摩衍那》与《摩诃婆罗多》并称为印度两大长篇史诗。不仅流传在南亚次大陆，还远播东南亚，成为剪影画和舞蹈的表现主题，在当地喜闻乐见、广为人知。它们也通过佛教传播到中国和日本，且演化出更加大众化的表现方式，例如成为桃太郎传说的源头，还有说法认为哈奴曼[2]变成了《西游记》里的孙悟空。那么，这个在南亚次大陆以外的地区也颇受欢迎的故事，对印度人来说具有什么样的意义呢？一般说到《罗摩衍那》的文本，指的是诗人跋弥所作的梵语版《罗摩衍那》，先来看看它的梗概吧。

故事的主人公罗摩是阿逾陀国的王子。阿逾陀国位于恒河中部流域，首都是阿约提亚。罗摩有

---

1 跋弥：也译为"蚁垤"，此文采用与原作音译相同的译名跋弥。

2 哈奴曼：《罗摩衍那》中的神猴。

三个同父异母的弟弟,他身为长兄,从小多才多艺,出类拔萃,尤其擅长箭术,时常在森林里驱除干扰仙人祭祀的妖魔。罗摩在选婿比武中胜出,迎娶邻国弥提罗国的公主、美丽的悉多为妃。年迈的父王原打算将王位传给罗摩,但在罗摩继母的怂恿下,反将罗摩流放 14 年。同父异母的弟弟婆罗多虚位等待哥哥归来。罗摩带领悉多和弟弟罗什曼那越过恒河向南,一路除妖降魔,无往不胜。楞伽岛上的魔族首领罗波那大怒,诱拐了悉多,将她幽禁在楞伽岛上。罗摩在探险途中救助了猴王,猴王的武将哈奴曼和猴军成为罗摩的朋友。在哈奴曼的帮助下,罗摩得知悉多的下落,于是在猴军协助下跨海架桥攻城,经过一场激烈的战役后,救出了悉多。

悉多投身火中,毫发未伤,以此证明自己被幽禁期间身体的贞洁。罗摩与悉多返回阿约提亚继承王位,开始了被后代憧憬的伟大的"罗摩统治"。但是,其后仍有质疑悉多贞洁的声音,罗摩流放了悉多。悉多在森林中得到跋弥仙人的救护,生下罗摩的孩子(一对孪生男孩),养大成人。然后她投入大地，升入天界。为消灭地上的魔族而下凡化身成罗摩王子的毗湿奴神也返回了天界。

这便是跋弥所作《罗摩衍那》的梗概。全书共七卷，讲述罗摩童年的第一卷，与讲述返回阿约提亚后，也就是悉多再次被质疑贞洁之后的第七卷，被认为是后人加上去的部分。一般认为现在的七卷定本形成于3世纪。这个故事在印度非常受欢迎，曾制作成长篇历史连续剧在印度国家电视台播出，节目开播的周日上午街上简直连人影都看不到。

"罗摩故事"的意义与多样性

下面我们来听听塔帕尔教授是如何说的。当然教授是不会承认《罗摩衍那》自身的史实性的。在阿约提亚没有发现公元前7世纪之前人类居住的痕迹，仅存的一些遗迹相当简陋，无法称为都市遗迹。而且，据教授考证，跋弥的《罗摩衍那》不过是众多"罗摩故事"中的一个。"罗摩故事"讲述的是公元前1000年左右，从西北部的旁遮普地区发展到恒河中部流域的雅利安人，在公元前500年左右建设国家，与周边原住民斗争、不断扩张势力的故事。

原住民在故事中被描绘成干扰圣仙祭祀的妖魔，罗摩跨越恒河的旅程则展示了雅利安人向森林覆盖的南部不断开拓边界的过程。罗摩途中遇到的猴国，应该是有图腾信仰的狩猎民族。塔帕尔教授认为，君主制国家的建设是公元前1千纪在恒河流

GS京（2023）3698号

图1 《罗摩衍那》中罗摩王子的旅行路线

域进行的，这种君主制与周边部族制的对立构成了故事的背景。在《摩诃婆罗多》中，虽然故事中心是原住民之间的争斗，但后世添加的内容仍然可以看到对君主制的赞美。

一般来说，叙事诗的形成是围绕某个中心事件，在漫长岁月中不断添加各种故事，不断产生各种变奏的过程。在《罗摩衍那》成书前，一定有各种各样的罗摩故事。这一点也可以由下述情况得到印证：明确强调了罗摩是毗湿奴神化身这个解释的第一章与最后一章，是跋弥之后的人添加进去的。在这之前的故事中，罗摩是人，他作为伟大君主所发挥的作用才是故事的主题。第一章和最后一章则是在毗湿奴信仰较为普及后添加上去的新解释。

佛教文献和耆那教文献中也有"罗摩故事"，说明确实存在各种"罗摩故事"。有意思的是，在这些文献中，罗摩、悉多、罗波那等主人公的作用和相互关系却与《罗摩衍那》有很大差异。创作于公元前 2 世纪左右的佛教故事集《本生经》中，悉多是罗摩的妹妹，罗波那则未出场。罗摩结束流放回到家乡，娶妹妹为妃，共同统治王国。这种情形下的兄妹婚是代表着王族或上流社会的佛教的一种象征主义。

3世纪后形成的耆那教文本中，罗波那不是魔族，哈奴曼也不是猴子，而都是人，被描绘成耆那教信徒。在一些耆那教版本的故事中，悉多实际上是罗波那的女儿，生下来就被抛弃了。也就是说，罗波那诱拐了自己的女儿，又因这个女儿丢了性命，其含意与跋弥的《罗摩衍那》完全不同。在印度中世的地方语与地方文化形成过程中，跋弥的梵语版《罗摩衍那》多次被翻译成地方语，出现了地方版《罗摩衍那》。但是这些地方版大都呈现出与跋弥版不同的浓厚的地域色彩，比如甘班（Kampa）用泰米尔语撰写、被认为成书于12世纪的《罗摩衍那》。

东南亚的"罗摩故事"中，主人公们的名字虽然沿袭了《罗摩衍那》，但情节为适应本土做了很大改动。在某个越南版本里，阿约提亚变成了越南北部的安南，楞伽变成南部的占城。在马来西亚的伊斯兰系版本中，亚当和穆罕默德都登场了。在爪哇岛，以 7 世纪的印度诗人跋底（Bhatti）的著作《跋底的诗》为蓝本改写的《罗摩衍那》，是现存最古老的爪哇文学作品。而泰国的"罗摩故事"是《罗摩颂》，柬埔寨的是《林给的故事》，在当地都广为人知。

罗摩信仰的发展

在公元 1000 年后，这些"罗摩故事"发生了更大的变化。原因是在南印度兴起的巴克提（bhakti，又译作"奉爱""信爱"）印度教虔诚信仰传播到北印度，发展成罗摩信仰或克利须那（Krishna，即黑天）信仰。毗湿奴信仰获得支持后，虽然《罗摩衍那》中的罗摩作为毗湿奴的化身而受到崇拜，但随着巴克提运动的发展，罗摩不再是毗湿奴神的化身，而是自己作为罗摩神成为信奉对象。同时阿约提亚成为与罗摩神有关的圣地，开始建造罗摩王子的诞生寺院。

　　在罗摩－巴克提运动发展的同时，为了使《罗摩衍那》成为信徒们的必读"圣典"，原来只有少数精英才能理解的梵语需要被置换成谁都看得懂的语言。到了 16 世纪，巴克提诗人杜勒西达斯（Tulasidas）创作的印地语罗摩故事《罗摩功行录》应运而生，这部作品被称为印度文学的不朽名作，是劝喻绝对皈依罗摩神的最重要的宗教作品。主人公罗摩是教育人们正确生存方式的神，悉多也成为神妃。

　　随着 10 世纪前后女神信仰的发展，悉多的性格特征也发生了一些重大变化。这就是武神悉多的登场。武神悉多不是毗湿奴神的妻子吉祥天女的化身，而是大女神萨克蒂（Shakti）的化身，只身勇敢地同罗波那战斗，并打败了他。而且为回避女神被质疑贞操、投身火中的情节，制造了虚像悉多。即把被罗波那诱拐并幽禁在楞伽岛上的悉多设置为虚像，情节变成了从火中走出来的是火神阿耆尼事先安放在那里的真正的悉多。罗摩－巴克提派的文本也沿袭了这种人物设定。

随着克利须那信仰与罗摩信仰的共同普及，罗摩故事中开始加入克利须那的要素。据说《罗摩衍那》中后来被加入的关于幼年罗摩的第一章，就受到讲述幼时故事颇具特色的克利须那传说的影响。阿约提亚被圣地化，被讲述成罗摩王子的诞生地，和位于贾木纳河畔、祭祀克利须那神的马图拉城被圣地化的现象非常相似。

作为 "文化现象" 的罗摩故事

如前所述，即使在印度本土，"罗摩故事"也随着不同时代、不同地区，以及不同需要的人们的立场呈现出丰富多彩的形态。塔帕尔教授阐述道，从这个意义上来说，罗摩故事是全体印度人共同参与的一种 "文化现象"。

但是，在"阿约提亚事件"中出现、以摧毁巴布尔清真寺为象征的"罗摩故事"，是基于跋弥的《罗摩衍那》和杜勒西达斯的《罗摩功行录》，作为特定宗派"圣典"的"罗摩故事"。曾制作成长篇历史连续剧在印度国家电视台播放的《罗摩衍那》也是如此，按照塔帕尔教授的说法，印度近来正在从毗湿奴信仰、罗摩信仰这种特定的宗教立场对"罗摩故事"进行国家标准化，那个作为全印度"文化现象"、更多姿多彩的"罗摩故事"正在被抹杀。

第 10 章关于"咖喱"的章节中我会谈到，因不同地区、不同种族等众多原因而丰富多样的印度料理，通过咖喱的调味形成了统一。这种统一，并非把某个特定料理作为印度料理，同样，罗摩故事也不是通过《罗摩衍那》或《罗摩功行录》的某个特定作品，而是通过涵盖它们的一个"罗摩故事"来获得印度文化的统一性。

参考文献

原実 "ラーマ物語と桃太郎童話" 日本 Orient 学会編《オリエント学・インド学論集 —— 足利惇氏博士喜寿記念》国書刊行会、1978

ヴァールミーキ《ラーマーヤナ》（岩本裕訳）1・2
東洋文庫、平凡社、1980・八五

Srinivasa Iyengar, K.R., *Asian Variations in Ramayana*, Sahitya Akademi, Madras, 1983

Romila Thapar, " A Historical Perspective on the Story of Rama," S. Gopal (ed.), *Anatomy of a Confrontation: The Babri Masjid-Ram Janmabhumi Issue*, Penguin Books, 1991

青山亨 "古代ジャワにおける自己と他者" 辛島昇・高山博編《地域のイメージ》（地域の世界史2）山川出版社、1997

金子量重・坂田貞二・鈴木正崇編《ラーマーヤナの宇宙 —— 伝承と民族造形》春秋社、1998

大野徹編《インドのラーマーヤナ》大阪外国語大学東南アジア古典文学研究会、1999

2／ 语言·民族问题

—— 以达罗毗荼运动为中心

四大语族的交往

印度次大陆的语言和民族问题非常复杂，是认识南亚社会文化前必须先了解的重要基本常识。印度宪法承认的正式语言多达 18 种[1]，这是不少人都知道的。那么这些语言中到底有多少在使用呢？自 1871 年以来，每逢公历最后一个数字为 1 的年份，印度都会实施国情调查，调查问卷中有个问题是"你在家中使用什么语言？"，结果列出名字的语言有 800 多种。不过，由于回答者的非专业性判断，其中含有不少方言，还夹杂了很多不可靠的语言名称。但据说语言学家们把这些统统排除后，仍然剩下约 260 多种不同的语言。

这种情况不仅在印度，在南亚诸国都是存在的。不过，把数量如此庞大的语言分类归纳到语言体系中，也就只属于四个语族而已。即印度－雅利安语族、达罗毗荼语族、藏缅语族和澳亚语族。

---

1 此为 2000 年数据，2004 年增加为 22 种。——编者注

这四个语族中，一般认为澳亚语族很早就在次
大陆扎根了。东南亚的越南语、高棉语（柬埔寨）、
孟语（缅甸）等都属于这个语族，在民族迁移的浪
潮中，这些语言来自何处、去向何处已无从得知。
有一种可能是，其源头原本在中国云南地区，从那
里分成两支，分别迁移到了两个地区。总之，澳亚
语族很早就遍布印度次大陆全域，这个语言命名的
地名仍留存在印度各地。恒河（Ganges）名称中的
"gange"原本就是澳亚语族中表示河流的普通名词。

藏缅语族是汉藏语系的一部分，除了汉语、藏
语、缅语外，泰语等也属于这个语系。现在分布于印
度次大陆北部到东部的山岳地带，未遍及整个次大
陆。不过在古代好像一度发展到了恒河平原，公元
前 5 世纪前后建立了强大国家、诞生了佛陀的释迦
族，以及诞生了摩诃毗罗[1]的离车族都属于这个语族。

关于达罗毗荼语族，曾经围绕这个语族中的泰

---

1 摩诃毗罗：意为"伟大的英雄"，被尊为耆那教的真正创
建者。

米尔语是否是日语起源的争论喧嚣一时，但其实并没有证据证明它与世界上的哪种语言有亲缘关系。一般认为这个语族是在公元前 3500 年左右从中亚或西亚经阿富汗盆地进入印度的。也有人对此持反对意见，不过最近有新观点认为创造了印度河文明的正是这个语族，请参照第 5 章。这个语族的主要语言均在南印度使用，他们从次大陆西北部开始南

GS 京（2023）3698 号

图 2　南亚次大陆的语言分布图

下应该是在雅利安语族进入印度之时，大约在公元前 1500 年前后。

雅利安语族广义上属于印欧语系，因此，古梵语和希腊语自不必说，与英语、法语、印地语、孟加拉语等都有千丝万缕的关系。例如太阳一词，在不同的语言中发音相近：sun（英语）、soleil（法语）、surya（印地语）、surjo（孟加拉语）。他们共同的祖先原在东欧的某地，一支西行进入欧洲，一支东行进入印度。途中又有分支进入伊朗，形成的伊朗语与印欧语系的关系极为亲近。

地方语和地方文化的形成

从现在的分布看，雅利安语族分布在北印度一带，达罗毗荼语族主要分布于南印度，少数分布在巴基斯坦的俾路支地区和印度恒河下流。澳亚语族仅存于温迪亚山脉东部，以及在阿萨姆山区中作为蒙达人（Munda）、桑塔人（Santhal）等少数民族的语言保留下来，其使用人数仅占印度总人口的

1.5%。藏缅语族有尼泊尔语和印度阿萨姆地区的曼尼普尔语等，在印度总人口中占比更小，不到1%。

使用澳亚语族和藏缅语族的人口之所以如此少，是因为这些语言被之后进入次大陆的达罗毗荼语族和雅利安语族的语言同化了，澳亚语族和藏缅语族的人最后也说起了这些语言。只有山区的少数民族没有被波及，得以保留自己原来的语言。达罗毗荼语族和雅利安语族在北印度曾有过一段共存时期，语言之间的相互影响很深，后由于达罗毗荼语族的南下，最终造成了两者的分离。

雅利安语在公元前1000年纪间出现了书面语梵语和口语普拉克利特语（Prakrit），其后，随着普拉克利特语的地方特色愈发浓厚，大约在公元1000年后，马拉地语、孟加拉语等现代地方语逐渐成形。印地语的形成则要迟很多，大概是在18世纪。而在达罗毗荼语群中，泰米尔语、卡纳达语、泰卢固语之间的区别在公元前5世纪前后开始逐渐清晰（也有说法认为泰米尔语和卡纳达语的分离要更晚些），公元前后泰米尔语发展出了古典文学。马拉雅拉姆语的形成则要晚得多，在 10 世纪左右。

各具特色的地方语的形成意味着各具特色的地方文化的建设，由此形成了所谓的"民族文化"。虽然都属于广义的印度文化，但以地方语为基础形成的不同的民族文化，为近代印度和其他南亚国家形成民族国家带来了重要的政治课题。这个课题的终极问题是，内部有如此多不同的民族文化，该如何实现和维持国家的统一呢？语言政策便首当其冲成为重要课题。特别是国语该如何确定，显然就是个大问题。

当时还在独立运动中战斗的印度国民大会党曾主张将印地语作为今后印度的国语，但随后爆发了反对运动。在印度独立后制定宪法时，没能确定下来到底用哪种语言作为国语，只好暂时把英语和印地语都作为官方层面的通用语，国语则在 15 年内确定。15 年后的 1965 年，国语问题再次被提起时，又一次引发了暴动。下面来看看这场与达罗毗荼运动有关的暴动过程。

"非婆罗门运动" 的开展

达罗毗荼运动是以南印度泰米尔纳德邦为中心兴起的"民族"运动，它与种姓问题密切相关。在传统的印度教社会中，高种姓婆罗门对其他种姓的压迫非常深，在南印度尤甚。在南印度，四种姓结构中的第二级刹帝利和第三级吠舍势力微弱，最上层的婆罗门于是对最下层的首陀罗进行了直接支配。

20 世纪初，以南印度的首陀罗为中心的非婆罗门权势集团掌握了经济实力，他们想方设法要把婆罗门从特权地位上拉下来，以确立自己的权利，"非婆罗门运动"就这样开始了。

1916 年，他们发表了《非婆罗门宣言》，次年组建了一个叫作南印度自由联盟的政党组织。长文《非婆罗门宣言》用大量数字阐述了婆罗门如何在英国统治下独占特权地位，例如为印度人开放的高级官职中，83% 的助理法官和 73% 的郡长都是婆罗门。从婆罗门只占总人口的 3% 这个数字就可以知道他们的独占是多么惊人。在教育方面，泰米尔的婆罗门识字率是 74%，懂英语的有 18%。与之相比，泰米尔有实力的农业种姓维拉拉（Vellalar），识字率是 7%，懂英语的只有 0.2%。

"非婆罗门运动"开展的时期正是从非洲回国的甘地登上政治舞台的时期。1919 年他发起了全国性的罢工、罢课、罢市。阿姆利则（Amritsar）惨案发生后，在国民大会党和甘地的领导下，印度独立运动势头高涨。另一方面，正义党（即南印度自由联盟，因机关报《正义》得名）则主张："如果现在印度独立了，不过是换成婆罗门来统治我们，所以我们不希望独立。我们希望得到英政府的帮助，限制婆罗门势力，以确立我们自己的权力。"

1930 年，甘地发起了著名的"食盐进军"，独立运动蓬勃展开，亲英的正义党无法进一步扩张势力。但到 1937 年，事态发生了转折。在要求独立自治的强烈呼声中，新的政府法案于 1935 年出台，根据此法案，在 1937 年进行了选举。国民大会党赢得马德拉斯邦的选举，组建了内阁。当选内阁部长的查克拉瓦尔蒂·拉贾戈巴拉查理（Chakravarti

Rajagopalachari）主张在马德拉斯邦推行印地语教育，为将来的国语做准备。

　　针对这一主张爆发了大规模的反抗游行。领头的是一直独立开展激进的反婆罗门运动的佩利亚[1]，此人因在演说中鼓动民众"烧掉婆罗门的家，杀死婆罗门！"而出名。他反对推广印地语，组织示威游行，被逮捕下狱。但正义党依然把还在狱中的佩利亚选为党首。佩利亚后来自己组建了达罗毗荼联盟（Dravidar Kazhagam，即DK），放弃亲英立场，开始为达罗毗荼民族的独立而战，可以说1937年的印地语推行问题是"非婆罗门运动"向达罗毗荼运动转变的一个关键点。

图 3　佩利亚塑像

1　佩利亚：原名拉马萨米（E. V. Ramasamy），"佩利亚"是其尊称，在泰米尔语中表示"值得尊敬的人""长者"。

达罗毗荼运动的展开

《非婆罗门宣言》条理清楚地论述了高种姓婆罗门对其他种姓严重的社会压迫。但这场运动转向的真正逻辑是：婆罗门虽然生活在南印度，讲泰米尔语，但他们是属于北印度的雅利安民族；南印度的非婆罗门则是达罗毗荼民族。即，北印度的雅利安民族一直在政治、社会、经济上压迫并支配南印度的达罗毗荼民族，其标志性的存在就是学习梵语的婆罗门。

成书于北印度的著名史诗《罗摩衍那》中，雅利安王子罗摩越过温迪亚山脉向南行进。途中遇到的是魔族、是猴子，这是北印度的雅利安人蔑视南印度的达罗毗荼人、不把他们当人看的证据；《摩奴法论》[1]也是北印度的婆罗门炮制出来的，目的就是彻底蔑视首陀罗，正当化他们对首陀罗的社会压榨。——上述主张在运动中被反复强调。南印度的

---

1 《摩奴法论》：又译作《摩奴法典》，印度教伦理规范的经典著作，阐述了种姓制度的理论和社会运作，成书时间不详。

非婆罗门把自己定义为达罗毗荼民族，把婆罗门定义为北印度的雅利安民族，由此将种姓制度上的冲突转换为民族冲突，其契机就是印地语的推行。

1947年印度独立时，佩利亚试图建立"达罗毗荼斯坦"以实现独立，但没有成功。1949年，达罗毗荼运动的主流与激进的他割席，倒向组建了走议会主义温和路线的政党——"达罗毗荼进步联盟"（Dravida Munnetra Kazhagam，即DMK）的领导人安纳杜拉伊（Annadurai）。达罗毗荼运动虽然以达罗毗荼为名，实际上是因印地语问题再次高涨的讲泰米尔语的泰米尔人的运动。

前面提到，随着宪法制定后15年之期的临近，国语问题再次浮出水面。1965年，针对国民大会党试图将印地语定为国语的企图，DMK组织了多次反对运动，再现了1937年的斗争局势。马德拉斯邦各地发生暴动，结果是印地语的国语化又一次被搁置，并无限期推迟。而DMK乘势扩大了势力，终于在1967年的选举中控制了马德拉斯邦议会。

安纳杜拉伊当选首席部长，达罗毗荼运动实现了渴望已久的政治目的,马德拉斯邦更名为泰米尔纳德邦。要说这场达罗毗荼运动到底达成了什么目的,首先就是"非婆罗门运动"的诉求,打破了原有的种姓制度。即通过这场运动,婆罗门优越的社会地位和统治被颠覆了。同时也产生了逆向歧视现象,很多婆罗门被驱逐出了泰米尔纳德邦。

那么,民族问题又如何了呢?民族问题并没有因为 DMK 掌握了政权走向结束,而是刚刚开始。也就是说,印度历史上的北印度和南印度之间,或者说雅利安民族与达罗毗荼民族之间的对抗冲突,只不过是一种虚构,而这场达罗毗荼运动,在某种程度上为虚构赋予了实际意义。印度社会的民族问题就是这样产生的。另外还有一种虚构,即所谓的达罗毗荼民族运动,实际上是泰米尔人的运动,在此意义上产生了泰米尔民族主义。

这里就不再谈印度民族主义的一般性问题了。最后想强调的是这种民族问题中语言的作用。在种姓权力斗争中,"非婆罗门运动"并没有形成多大的力量,但一旦和语言问题交织,就转变成爆发出巨大能量的

民族运动，这一点值得我们深思。尤其是一旦上升到
"国语"问题，就不单是民族意气的层面，将涉及大学
考试、就职面试等实际利益，具有更强的社会现实性。

斯里兰卡的民族冲突

斯里兰卡的民族纷争也与语言问题有密切的
关系。当然，冲突是诸多原因和事态的叠加所造成
的，语言不是唯一的原因，但不能否定语言是主要原
因。在斯里兰卡，使用者众多、具有很大社会意义的

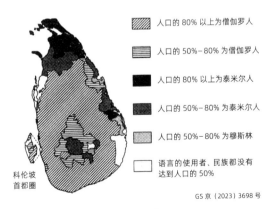

人口的 80% 以上为僧伽罗人

人口的 50%–80% 为僧伽罗人

人口的 80% 以上为泰米尔人

人口的 50%–80% 为泰米尔人

人口的 50%–80% 为穆斯林

语言的使用者、民族都没有
达到人口的 50%

科伦坡
首都圈

GS 京（2023）3698 号

图 4　斯里兰卡的语言、民族分布

表1　斯里兰卡的语言、民族构成

语言·民族		百分比
僧伽罗		74.0
泰米尔	斯里兰卡·泰米尔	12.7
	印度·泰米尔	5.5
穆斯林		7.3
其他		0.5

语言是雅利安系的僧伽罗语和达罗毗荼系的泰米尔语（约4：1）。1956年，斯里兰卡自由党首领班达拉奈克（Bandaranaike）推出把僧伽罗语作为唯一通用语的"Sinhala Only"（僧伽罗语唯一）政策赢得选举，登上政权宝座。他之后的政府都继续实行该政策，不承认泰米尔语的通用语地位，加深了泰米尔人的不满。1972年宪法修订后冲突升级，1978年政府第一次把泰米尔语也定为国语（但不是通用语）。1983年斯里兰卡爆发内战，1987年政府决定承认泰米尔语的通用语地位，但冲突一旦开始就很难看到解决争端的希望。[1]

1　斯里兰卡内战持续到2009年才结束。——编者注

参考文献

辛島昇編《インド世界の歴史像》(民族の世界史 7)
山川出版社、1985

Eugene F. Irschick, *Tamil Revivalism in the 1930s*,
Cre-A, Madras, 1986

辛島昇 "民族とカースト ── 南インドにおけるド
ラヴィダ運動を例として" 川田順造・福井勝義編《民族
とは何か》岩波書店、1988

辛島昇 "歴史学から見た民族" 岡正雄他編《民族と
は何か》(民族の世界史 1) 山川出版社、1991

辛島昇編《ドラヴィダの世界 ── インド入門 II 》東
京大学出版会、1994

林　明 "スリランカの民族紛争とインド" 辛島昇編
《ドラヴィダの世界》所収

K. M. de Silva, *Reaping the Whirlwind: Ethnic
Conflict, Ethnic Politics in Sri Lanka*, Penguin Books
India, New Delhi, 1998

3/ 种姓制度是什么？

—— 它的发生与走向

瓦尔那种姓制度

一说到印度就会说到种姓制度，但种姓到底是什么，最常听到的回答是"不清楚"。这是由于种姓（Caste）这个词与瓦尔那（Varna）、迦提（Jāti）这两个词混用的缘故。说到种姓，我们立刻想到的是古印度的四种身份区分：婆罗门、刹帝利、吠舍和首陀罗。大学的世界史教科书上往往是这样解释的：婆罗门是祭司、宗教阶层，刹帝利是王族和武士阶层，吠舍是商人阶层，首陀罗是奴隶阶层，这四种身份区分被称为瓦尔那，是后世所说的种姓的基础。这种解释本身没什么问题，但我们同时又会听到印度还有很多种姓的说法。更有甚者，例如说洗衣工也是一个种姓，不同地方有不同种姓等，越说越混乱。这是因为实际上在印度，还存在着与瓦尔那有别的、用迦提这个词来表述的族群。

其实造成这种混乱的是葡萄牙人。为什么说是葡萄牙人呢？源头是 16 世纪他们占领果阿地区时，留下了对印度社会的观察记录。他们写道，印度社会有上层和下层之分，相同职业的人形成一个族群，某些人不能共餐、不能通婚，等等。总之葡萄牙人把他们觉得很稀奇的各种各样的族群统统用表示"血统""种类"意思的葡萄牙语"Casta"来概括，这个词后来进入英语，即"Caste"。也就是说，用"Casta"或"Caste"来统称印度用瓦尔那和迦提来分别称呼的性质不同的两类族群，是造成混乱的主要原因。

瓦尔那形成于古代，是具有普遍意义的身份秩序。这个词原本是"颜色"的意思，它为什么会被用来区分身份呢？原因是公元前1500年左右入侵印度次大陆的雅利安人的皮肤是白色的，原住民的皮肤是黑色的，颜色于是成为区分彼此的一个手段。因此最初的区别是"我们"和"他们"的二元区别，或者说是把原住民置于隶属地位上，是"我们"与"奴隶"的区别。

生活在旁遮普地区期间，雅利安人的社会不断发展，出现了主持宗教事务的祭司阶层和统治部落的贵族阶层。为与原住民区别，又在祭司与贵族阶层外增加了一个普通民众的第三阶层。公元前1000

表 2　瓦尔那的构成

雅利安民族	婆罗门	祭司·宗教阶层
	刹帝利	王族·战士阶层
	吠舍	平民（商人）阶层
原住民	首陀罗	隶属（农民）阶层

年左右，雅利安人进入恒河流域，宗教阶层的势力不断增大，他们重新整合原来的三个阶层，建立了婆罗门、刹帝利、吠舍（这是雅利安人内部的三个阶层）和首陀罗（隶属于雅利安人的原住民）四个阶层，即瓦尔那四区分。前三者和首陀罗之间被划出一条很粗的线，可以说是最初的二元区分仍在产生影响的结果。佛教经典把刹帝利排在第一，但最终也没能动摇婆罗门的优势地位。

迦提种姓制度

后面再来解释作为古代制度的瓦尔那是在什么时候、又是如何演化成迦提制度的，先来看看迦提到底是什么。如果问一个印度教徒是什么种姓（不过现在是不能这么问的），他一般不会用瓦尔那来回答，而是会说出某个更小的族群的名字。例如，卡亚斯塔、纳伊尔等，这就是迦提。

迦提意为出生。每个迦提族群原则上都是内婚制，即只可以和族群内部成员通婚，成员在出生时被赋予身份。这样的族群在印度有多少个呢？其实没人能给出准确答案。有说三千个的，也有说四千个的。那么假设有四千个，印度教徒人口按八亿来计算的话，每个迦提的平均人口就有 20 万。虽然迦提大小不一，但把一个迦提作为大约 20 万人左右的族群来考虑大致是不会错的。

除了内婚制外，迦提还有三个特征。一是与职业挂钩，二是有上下等级，三是地域性。所谓与职业挂钩，即某个迦提族群的成员都从事相同的职业，葡萄牙人在关于印度种姓的记录中说鞋匠的儿子也是鞋匠，显示了职业与迦提的关系。上下等级，则是说迦提与迦提之间有孰上孰下的上下关系，总体上按照瓦尔那来区分，有一个大致的等级排序。

地域性是相对于瓦尔那的全国性来说的，在印度教社会中，任何一个地方都存在四个瓦尔那，而迦提则只存在于范围狭小的区域。即便都是干洗衣工作的族群，在德里叫"多比"，讲印地语；在马德拉斯叫"旺南"，讲泰米尔语。他们之间不能通婚，因为迦提不同。

斯伊哈那村的迦提关系

下面我们以一个印度村庄为例，来看看迦提的社会存在形态。这是很多年以前两个日本女性所做的调查报告。位于拉贾斯坦邦的斯伊哈那村共有239 户 1393 人，有 29 个迦提。这 29 个迦提大类上可分成上、中、下三个族群。上层族群中从上往下的顺序是 A 婆罗门、B 马哈詹（商人）和 C 拉吉普特（地主）。中层族群分上位族群 D 和下位族群 E，D 包含从事神殿守卫的纳伊特、古撒伊、卜阿伊拉吉 3 个迦提，以及杰伊特（农业）、戈德利（养羊）、基尔（种菜）、马利（园艺）这 4 个迦提。可以看

表 3　斯伊哈那村的迦提构成

净	上层	A 婆罗门（祭司·地主·农业）
		B 马哈詹（商人）
		C 拉吉普特（地主·农业）
	中层	D 纳伊特（神殿守卫）、古撒伊（神殿守卫）、卜阿伊拉吉（神殿守卫）、杰伊特（农业）、戈德利（养羊）、基尔（种菜）、马利（园艺）
		E 斯塔尔（木匠）、斯纳尔（黄金工匠）、库玛尔（陶艺匠）、纳伊（理发匠）、罗哈尔（铁匠）、达鲁基（裁缝）、达罗噶（仆役）、特里（榨油匠）、卡拉尔（酒匠）
不净	下层	F 比卡（送信人）、伽恩格利亚（巡逻者）、多比（洗衣工）、纳伊库（看门人）、达玛弥（乐师）、查玛尔（皮革匠人）、卡提库（屠夫）
		G 邦基（清洁工）

出从事神殿守卫工作的迦提要比农业相关的迦提地位略高。

　　E 族群是各类工匠和服务业迦提，有斯塔尔（木匠）、斯纳尔（黄金工匠）、库玛尔（陶艺匠）、纳伊（理发匠）、罗哈尔（铁匠）、达鲁基（裁缝）、达罗噶（仆役）、特里（榨油匠）、卡拉尔（酒匠）9 种迦提，可以看到达罗噶（仆役）、特里（榨油匠）、卡拉尔（酒匠）这 3 个迦提要比其他的地位低。下层迦提中也有上位族群 F 和下位族群 G 之分，F 族群中除了原住民的传统工作——传递消息的比尔和巡视村庄的伽恩格利亚外，还有多比（洗衣工）、纳伊库（看门人）、达玛弥（乐师）、查玛尔（皮革匠人）、卡提库（屠夫）。最下位的 G 族群里有从事清洁工作的邦基。

调查者为了弄清这些等级关系，费了不少心思。因为直接问村民他的迦提和别人的迦提相比哪个等级高，或问他的迦提排在第几，根本得不到清晰的回答。最后调查者采取了以吃为中心的问法，才得以完成了调查。即，问村民他能和某某共餐吗，他能得到那个叫帕卡的油炸食品吗，或者，他们中谁能得到那个用水煮的卡瓦茶，等等。

迦提的等级观念和污秽观念连在一起。污秽通过身体接触扩散，食物的授受或者共餐都可以传染。

因此，上位迦提者不愿意和下位迦提者共餐。严格地说，只有同一迦提的人才能一起吃饭。不过从前面介绍的族群分类可以推测，有的迦提是可以和相同等级的其他迦提共餐的。油炸食品帕卡的污染力比较弱，相对安全，因此上层与中层迦提之间可以授受。但即便如此，他们也不会接受下层迦提的帕卡。

总之调查者花了很多心思，采用"和谁一起""从谁那里"的提问方法，弄清楚了迦提的上下关系。也清楚了迦提不是严格按照内部顺序来规定其等级，而是在多个族群间规定上下关系，且有的地方被画上了不可逾越的线。例如前面的例子，这条严禁的线便画在中层迦提和下层迦提之间，因为上层和中层迦提是"洁净"的，下层迦提是"不洁"的。根据调查者的描述，中层和上层的区分，可以看是否允许女性再婚，允许再婚的迦提一般都是处于下位的中层。这种区别刚好和前三种上位瓦尔那与首陀罗之间的区别一致。也就是说瓦尔那在迦提族群区分上发挥着总领作用。反过来，各迦提要么属于某个瓦尔那，要么就是最下位的、被视为"不洁"的不可接触者。

　　这个村子里还有一个有意思的现象，即前三种瓦尔那的上层迦提中，马哈詹在上位，拉吉普特在下位。马哈詹是商人，属于吠舍，拉吉普特原本是该地区的领主阶层，属于刹帝利。按理说，刹帝利的拉吉普特应该等级更高，但现实中却刚好相反。个中原因解释起来比较长，调查者说有可能是因为马哈詹是耆那教徒，是严格的素食者，拉吉普特因吃肉而被看作污秽的，所以地位低下。可见耆那教徒也被编入了种姓秩序中。

历史上的种姓制度

　　通过大量调查发现，在每个以印度教徒为主的印度村庄里，都大约有 20 至 30 个迦提。由于迦提与职业挂钩，因此迦提的数量和职业的数量大体一致，如果这个数量减少，那么村庄的日常生活就难以为继。虽然有些工种去邻村也可以满足需要，但20种是最低的，否则相当不方便。像在斯伊哈那村，三世同堂的穆斯林，代代都只经营杂货店。

那么，像这种村庄中聚集了很多迦提，变得阶层化的乡村社会，是从什么时候开始的呢？在古代，都市另当别论，农村的特殊职业群体一般是以部族形式存在的，部族之间或部族与农民之间进行物品交换和服务交换。像这样在迦提制度的作用下，村庄或比村庄稍大一些的地域形成自给自足的生活，一般认为是 7 到 10 世纪之间的事情。

7 世纪求法印度的玄奘在《大唐西域记》中专门提到："若夫族姓殊者，有四流焉：一曰婆罗门，净行也……二曰刹帝利，王种也……三曰吠奢，商贾也……四曰戍陀罗，农人也……自余杂姓，实繁种族，各随类聚，难以详载。"值得注意的是，戍陀罗（首陀罗）在当时是农民。从孔雀王朝到笈多王朝，在恒河流域的社会快速发展过程中，雅利安人与原住民之间不断融合，原属于奴隶的首陀罗发展成农民的中坚力量，构筑了新的农村社会。这种变化恐怕与迦提制度的形成有关，同时也与贱民制度的出现有关。

11 世纪造访过印度的伽色尼王朝文人比鲁尼在《印度志》中有这样的记述：比首陀罗地位低下

的最下层里有制鞋匠、织布工、屠夫等，他们住在四瓦尔那居住的村庄或镇子外面。即使现在，贱民也不能住在村中，只能住在村子周围，可见这种居住形态在比鲁尼的时代已经形成了。

话题回到种姓。前面已经讲过种姓这个词被当成瓦尔那和迦提使用，是造成混乱的主要原因。前面还提到印度人说起自己的种姓时，一般会说卡亚斯塔、纳伊尔之类的迦提。但不知为什么，婆罗门在介绍自己种姓时就只说是婆罗门，这也是造成混乱的原因。总之，大家要注意种姓制度是瓦尔那和迦提两者一体的制度，前者是一个大的支撑框架，后者是在现实生活中发挥重要作用的社会身份。

种姓制度的走向

最后来谈谈种姓制度的现状和将来的走向。我们已经知道种姓制度是以迦提为中心的，迦提的原意是出生，人们的身份由出生来决定，并确定了上下等级秩序，是强制下位种姓服务于上位种姓的一种歧视性制度。关于歧视状况，大家可以阅读其他章节或相关文献补充了解。英国统治时期，西方的平等思想传入印度，印度社会出现了变革种姓社会的种种动向。

1947 年印度独立，宪法明确禁止种姓歧视。在那之前，填写入学申请书、参加求职面试时必须填写种姓名称，这些都被禁止了。在这种背景下，人们也不再谈论种姓的话题。因此，前面说到的迦提四个特征之一的等级秩序今天已经差不多消失了。那么其他几个特征呢？与职业挂钩的特征也几乎消失了，因为出现了传统职业中没有的工厂工人和公务员等各种新型职业，子承父业的意义不存在了。而且随着经济的发展，越来越多的人移居城市，地区性特征也在渐渐消失。

最难以动摇的是第一个特征内婚制，参考第 4 章《报纸上的征婚广告》来看，在人们的观念中，婚嫁还是必须要在同一迦提内进行。虽然也有瓦解的倾向，但迟迟看不到大的变化。于是出现了一个奇特的现象，即随着上下关系、与职业挂钩等特征的消失，迦提不再是迦提，以它为基础的种姓制度也丧失了基本功能，印度社会中却依然存在着大量内婚族群。报纸上的征婚广告中，在诸多条件中专门列出了卡亚斯塔、拉吉普特、亚达布、阿伽鲁瓦尔等迦提名称，便是这种社会现象的真实反映。

这种现象，换言之就是出现了一个包含了很多属性不一的族群的多元社会。不难想象，这些族群是那些以赢得选举为根本的政党的最佳目标，族群间的贫富差距在政党竞选中被赋予了特殊意义。

更重要的是，四瓦尔那的种姓歧视虽然已经消除，但对贱民的"歧视"依然存在。第12章会讲到经常成为电影题材的印度四瓦尔那身份者和贱民之间的冲突。要消除种姓制度带来的各种问题，道路阻且长。

参考文献

大岡幸子 "ラージャスターン州のスィハーナー村にみられるジャーティ関係"《アジア経済》15~19（1974）アジア経済研究所

山崎元一《古代インド社会の研究 —— 社会の構造と庶民・下層民》刀水書房、1998

押川文子編《インドの社会経済発展とカースト》アジア経済研究所、1994

辛島昇・奈良康明《インドの顔》（生活の世界歴史5）河出文庫、1991

小谷汪之《不可触民とカースト制度の歴史》明石書店、1996

4/ 报纸上的征婚广告

—— 婆罗门社会的变化

征婚广告的增加

这一节来看看印度报纸上的征婚广告。在印度，一些大报纸的周日版会登征婚广告。印度各地语言不同，全国性的大报纸一般都使用英语，会刊登较多的征婚广告。这在印度独立前就出现了，但1960年代以来，数量开始增加，现在每周几乎都占满一个版面，多的时候可达10页。广告上的征婚者状况与征婚条件条目清楚，如果仔细分析一下，可以了解到很多信息。我和家人旅居南印度期间，曾与辛岛贵子一起分析了1970年《印度教徒报》（ *The Hindu* ）上的征婚广告。

先来看3个例子。

1. 寻找配偶。本人33岁。众友仙人[1]戈特拉

---

1 众友仙人：Visvamitra，古印度神话传说中著名的七仙人之一。相传他原出身刹帝利，后经过严峻的苦行，跻身婆罗门种姓之列。

传承派[1]的婆罗门女性。住在孟买，国家公务员。肤白，教育良好。希望男性年龄不超过 42 岁。盼复。

2. 征求 25 岁以下的瓦达摩[2]女性。本人是喀拉拉邦男性。30 岁。住在比哈尔邦，国家公务员，月收入 600 卢比。分支的可以考虑。盼复并请告知您的星座。

3. 征求出生于知识分子家庭的新郎。要求硕士毕业或者拥有同等学力，吠舍或刹帝利。本人讲泰卢固语，素食，肤白，24 岁，理学硕士，教育学本科。父母是异种姓结婚。盼复。

关于戈特拉和派别 / 分支（sect / sub-sect）后面再来解释。当时像这样的广告每周有近 100 例，我们随意搜集了 200 例进行分析，与宗教和种姓有关的数据明细如下：

---

1 传承派：Smarta，印度教的一个派别，亦称"圣典派""师摩多派"。

2 瓦达摩：湿婆教派传承派的分支。

表4　求婚广告中与宗教和种姓有关的数据

各种姓人数		各宗教人数	
婆罗门	132 人	印度教	179 人
刹帝利	2 人	穆斯林	2 人
吠舍	3 人	耆那教	1 人
首陀罗	36 人	基督教	10 人
指定种姓	1 人	宗教不明	8 人
种姓不明	5 人		

其中男性 75 人，女性 125 人，征婚的女性远比男性多。关于印度教徒的种姓，132 个婆罗门占了全体 200 个征婚者的 66%，占了 179 名印度教徒的 74%，而整个印度的婆罗门人数还不到总人口的 5%。这样异常的数据提示我们其中可能隐藏了什么问题，容后再述。

年龄、教育、职业、容貌、戈特拉、星座

接着，我们来看看征婚者的年龄、教育、职业、容貌和其他情况。首先，相当多的人给出了自己的确切年龄。女性的年龄跨度是 18 岁到 41 岁，最多的是 23 岁到 30 岁之间。男性则是 25 岁到 46 岁，最多的是 25 岁到 36 岁之间。以前印度人的结婚年龄非常低，尤其是女性，英国统治时期曾盛行童婚，女孩 10 岁左右月经初潮后就结婚。独立后印度人的结婚年龄逐渐提高，当时的城市女性一般在 18 岁到 22 岁之间结婚。与之相比，征婚广告上的年龄明显偏大。

那么，在报纸上刊登征婚广告，成为这些错过婚期的大龄青年的最后手段，这是很不寻常的事情吗？前面提到自 1960 年代起报纸上的征婚广告数量激增，以《印度教徒报》为例，现在每周都有整整一版的超过 200 个征婚广告，因为 1970 年代初是广告的意义开始发生变化的过渡期。这个时期人们对广告的认识发生了变化，登广告从择偶的最后手段，变成最好最有效的方法。

为什么从 60 年代开始增加呢？是因为印度独立后，随着新的社会体制与经济的发展，社会流动性大大增加了。换言之，在过去的种姓社会中，数量并不是那么多的迦提次种姓（种姓对应瓦尔那，迦提即次种姓）生活在极为狭小的特定区域内，相互之间非常熟悉，寻找配偶是地域社会内部习以为常的事情。随着社会的流动，人们分散到印度各地各城市，有的还去了国外，离开了家乡，找对象就变得困难了。如果通婚没有限制的话还好说，但又只能在同一迦提内择偶，那只有在报纸上登广告了。1970年代就是这样的一个变化过渡期。

　　下面看看征婚者的受教育情况。可能基本都是大学毕业的缘故，男方大都没有写自己的学历。女方的125人中，有77人写了自己的学历，其中大学毕业的43人，硕士毕业的13人，本科学历以上的占全体女性的45%。就印度教育总体状况来看，这是一个相当高的数字，与征婚人数中一大半是传统上就重视教育的婆罗门不无关系。

　　职业方面，男性最多的是公务员。国家公务员往往要离开自己的出生地被派到印度各地，因此普遍不好找对象。其次是高级技术人员和医生，他们也一样，多是离开家乡来到城市。那么在女性的征婚广告中，哪类男性最受欢迎呢？和上面的顺序相反，最受欢迎的是医生，然后是高级技术人员和公务员，收入应该是主要原因。女性中有 56 人用各种方式写了自己的职业，占到总数的 45%，这在 70 年代初是很高的比例。具体职业是公务员 10 人、教师 5 人、大学教师 4 人、医生 3 人、银行职员 3 人。

强调外貌的绝大多数都是女性。说自己面目姣好的 30 人，说自己是美女的 13 人，其他的例如个子高挑的 29 人，肤白的 38 人。面目姣好或美女无疑是自我推销的加分项，但个子高挑则会减分，因为印度社会和日本一样，都不喜欢妻子比丈夫高。可长得高是没办法的事，多数女性都会详细告知自己的身高。

外貌中最重要的是肤色。肤色白净的没有问题，但印度人的肤色不像美国的白人和黑人那样一目了然，即使是同胞兄弟姐妹之间，肤色深浅也有微妙的差别，这种微妙差别在印度意义重大。所以征婚者们只要肤色不那么黑就称自己肤白，因为这是很大的加分项。其中有两人写的是肤黑，恐怕皮肤是真的很黑，实在没办法。还有一人写的是肤色普通，可见用心良苦。

　　戈特拉通常是指婆罗门内部的外婚集团。其传统可上溯到印度历史上的八大圣人，是由他们延续下来的父系集团。[1] 戈特拉的数量大概有 20 个，同一戈特拉的男女不可结婚。也就是说 A 戈特拉的男性不可与 A 戈特拉的女性成婚，必须找 B、C 或者别的戈特拉的女性。前面的征婚广告中，那个特意强调自己是众友仙人戈特拉的女性，就是在征求其他戈特拉的男性。

　　在印度教社会中，占星术在人们的日常生活里发挥着重要作用，甚至成为择偶的一个重要条件。那些期盼告知星座或者主动告诉自己星座的征婚广告就说明了这一点。印度的星座共有 27 个，出生时间和出生地点不同，对应的星座就不同，可以

---

[1] 戈特拉：Gotra，原意是家世、血统、亲族等，广泛地指来自共同男性祖先或父系的后代，因此同一戈特拉的人严禁内婚，形成了一个外婚单位。婆罗门的戈特拉制度是最严格也最为典型的。众友仙人戈特拉是其中一个戈特拉的名称。

说星座和它在天球上的位置决定了人的命运。星座
被赋予了各种寓意，各星座之间的关系成为谈婚论
嫁的重要参数，例如有的星座会给结婚对象带去灾
祸，只有两个人是同一星座才能化解云云。42% 的
婆罗门在征婚广告中都提到了星座。

征婚的种姓条件（以婆罗门为例）

最后这一节来看看各种结婚条件中的种姓条
件，可以说这是最重要的条件。以婆罗门为例，
先来看看南印度婆罗门的总体构成。南印度婆罗
门主要有 3 个派别：一派崇拜湿婆，尊奉 8 世纪
的圣人商羯罗（Shankara）的教义，被称作传承
派；与之相对的是崇拜毗湿奴为最高神的教派，他
们又分为两派，一派尊奉 11 世纪的圣人罗摩奴阇
（Ramanuja），称作圣毗湿奴派，另一派是尊奉 13
世纪的圣人摩陀婆（Madhva）的摩陀婆派。

出现在征婚广告上的婆罗门大多属于这三个印
度教派别。因地区等其他因素，三个派别内部各自

又有多个分支。择偶时面临的主要问题就是这个派别和分支。那个在广告中说明自己是传承派婆罗门的女性，实际上是把传承派作为征婚条件之一；而那个征求瓦达摩女性的男性，是在征求传承派中瓦达摩分支的女性。他们的区别是一个在派别中择偶，一个是在更狭小的分支中寻找。当然，也存在一些不同情形。

例如有的人更介意语言问题。派别具有广域性，不限于某个语言区域（一个语言区域相当于印度的一个邦），但分支一般都存在于某个语言区域内。因此，派别内部存在多个语言相同或不同的分支，例如有的说泰米尔语，有的说泰卢固语，等等。有少数人会明确征求传承派婆罗门中讲泰米尔语的，也有的只要求对方是讲泰米尔语的婆罗门，即只要讲泰米尔语就行，至于是传承派的还是圣毗湿奴派的都没关系。

那如果某征婚者明示自己的分支，例如说自己是瓦达摩，是否就是在要求对方也必须是瓦达摩，即非瓦达摩不可？我曾抱着这个疑问咨询过婆罗门的朋友，他们异口同声地回答说是的。不过也有人在告知自己是瓦达摩的同时，表明不限制对方的分支，就是说虽告知了自己的分支，但并不要求对方是同一个分支的，因此特意注明。但据婆罗门朋友说，即使如此，也不能越过派别的范畴，换言之，对方可以不是瓦达摩分支的，但必须是传承派的。

择偶范围

那么，婆罗门是如何设定择偶范围的呢？

1. 最小的范围是像瓦达摩这样的分支。132 名婆罗门中有 71 人设定了这个范围，占 54%（过半数）；

2. 比分支大一些的范围是派别内部的语言区域，有 13 人设定了这个范围，占 10%；

3. 限定派别的有 33 人，占 25%；

4. 不问派别只设定语言范围的，如讲泰米尔语的婆罗门，有 4 人，占 3%；

5. 婆罗门内部的条条框框一律不管，只要是婆罗门就可以的，有 6 人，占 4%；

6. 不拘泥于婆罗门，什么种姓都可以的，有 4 人，占 3%。

解读上述统计结果多少有些难度。令人吃惊的是，超过一半的人把择偶范围限定在分支，加上把范围扩大到派别的，即前三项的合计达到 89%，也就是说近 90% 的婆罗门只和相同派别的人结婚。我的婆罗门朋友们一致认为，如果在五十年、一百年前，几乎 100% 的婆罗门是在相同的分支范围内择偶结婚，现在由于各种原因不易实现，才把范围扩大到派别。婆罗门的派别或分支相当于其他瓦尔那的迦提，可以说这个基本框架至今仍牢不可破。

我们来看看造成婆罗门结婚难的原因。经济原因是最主要的。在过去的印度社会中，婆罗门高居种姓首位，与刹帝利的王族结盟，在意识形态领域支持刹帝利的统治，刹帝利则回馈他们村庄和土地，让他们作为经济上的地主过着富足的生活。但在英国统治期间，刹帝利丧失了保护者地位，有的婆罗门因社会动荡被迫放弃土地而没落。加上西方平等思想的助力，歧视其他种姓、强制其他种姓无偿奉献的婆罗门阶层受到强烈抨击。

1920 年代，非婆罗门种姓掀起了推翻婆罗门统治和优越地位的"非婆罗门运动"。印度独立前后，这场运动转变成达罗毗荼运动，加大了对婆罗门的扼制，这些在第 2 章曾讲过。许多婆罗门离开家乡，发挥他们的知识优势成为高级官吏、医生和技术员等，前往大城市或远赴海外。征婚广告充分反映了这种社会状况。

我们需要想到的是，这些婆罗门如果能自由地和自己心仪的人结婚，自然什么问题都没有。但现实是如果对方不是瓦达摩，不清楚同自己是不是一个戈特拉，又或者星宿不合、肤不白貌不美，那会怎样？如果他们的上一代、上上一代已经移居城市，那不管是多么小的分支，要回老家去找媒人说亲恐怕都不是一件容易的事情。所以他们选择在报纸上登广告征婚。

20 年后的变化

最后来看看上述情况在 20 世纪 90 年代后发生了什么变化。辛岛贵子专门对此进行了研究，下面是她的研究结果。

上次研究采用的是 1970 年的《印度教徒报》，22 年后的 1992 年依旧采用《印度教徒报》，只是样本数量增加到 806 个。第一个值得关注的差异是男女比例的逆转。登征婚广告的男性是 431 人，女性是 375 人，与上一回相比，说明男性结婚相对困难。近来日本的男性也成了择偶的弱势方，但和印度的情况是否相同，还不好判断。或许与男性出国的比较多有些关系。

女性的大学毕业率上升到 77%，这符合印度教育的普及状况。但不可思议的是，在广告中提到戈特拉的女性却从 1970 年的 73% 上升到 81%，提到星座的从 42% 上升到 52%，理应减少的数字反而上升了。辛岛贵子认为这是广告的模板化现象。即随着征婚广告的广泛应用，广告的每一个条目都标准化了，征婚者本人可能并不在意，但大家都这么写，而且考虑到对方可能会在意，所以就统统写上了。这个想法很有意思。

　　这次的数据中，婆罗门的人数比例降低了一些（在全体中的比例从 66% 下降到 56%，在印度教徒中的比例从 74% 下降到 63%）。限定了派别、分支的范围也有微妙变化。限定分支范围的有 48%，限定派别的有 38%，二者合计是 86%。上次的研究中这个数字是 89%，总体看变化不大，但把范围从分支扩大到派别的人数增加了。不过这个数据也可能存在广告模板化的问题。

　　另一个值得注意的情况是，这次有些广告对性格提出了要求，例如"重视性格""有独立意识的女性""要求有幽默感"之类的表述，虽然数量很少，但在上次调查时几乎是见不到的。还有女方向男方家庭支付的嫁妆（dowry），印度法律已明确禁止，但民间依然盛行，有一些广告特意指出"不给嫁妆""不要嫁妆"，虽然只有少数，但也是一个变化。改革的步伐尽管缓慢，印度社会还是在不断进步的。

　　翻看最近北印度的大报纸《印度时报》周日版，吃惊地发现征婚广告已经超过十版。不过更吃惊的是，卡亚斯塔、拉吉普特、亚达布、阿伽鲁瓦尔等这样的迦提名称被单独放在一个条目里与其他条目相提并论。关于这个问题，可以参看解释种姓制度的第3章，可见作为具有内婚制属性的种姓又被赋予了一些新的含意。

参考文献

　　辛島昇・辛島貴子 "インドの新聞にみる求婚広告―苦悩するバラモン"《季刊人類学》4―1、1973

　　福永正明 "新聞の求婚広告における北インド社会"《季刊人類学》11―1、1980

　　辛島貴子 "求婚広告二〇年の変化" 辛島昇編《ドラヴィダの世界》東京大学出版会、1994

　　辛島昇 "マドラス市の電話帳にみるカースト意識の変"《異文化の出会いとイメージ》（大正大学文学部国際文化学科共同研究）大正大学、1996

5/ 印度河古文字之谜

—— 计算机的解译

印度河文明

　　这一章来看看印度河文字的解译。在目前世界上尚未破译的文字中，印度河文字可能是最重要的。这种文字见于 19 世纪发现的哈拉帕（Harappa）遗址，大多刻在冻石材质的印章上。1920 年代的摩亨约达罗（Mohenjo-daro）古城遗址发掘，让南亚次大陆独特的文明形态——印度河文明（也称哈拉帕文明）展现在世人面前，印度河文字也受到了世界关注。但 80 多年过去了，尽管今天对印度河文明的研究取得了巨大进展，印度河文字仍然是一个未解之谜。

　　印度河文明属于城市文化，超过 1000 个定居点遗址分布在以印度河中下游流域为中心的 100 万平方公里的广阔区域中。研究者们对其年代界定有不同看法，但基本共识是在公元前 2600 年到公元前 1800 年之间。在印度河文字研究中贡献突出的芬兰赫尔辛基大学教授阿斯科·帕博拉（Asko Parpola）认为，印度河文明的成熟期应该是在公元前 2550 年至公元前 1900 年之间。其中最重要也是最有代表性的遗址

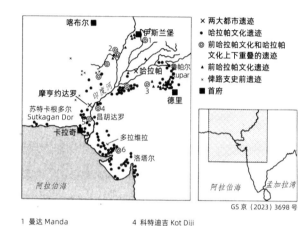

1 曼达 Manda
2 拉赫曼德里 Rahman Dheri
3 卡利班甘

4 科特迪吉 Kot Diji
5 阿姆里 Amri
6 苏尔科塔达 Surkotada

图 5　印度河文明遗迹分布图

除了两大古城摩亨约达罗和哈拉帕之外，还有昌胡达罗（Chanhu-daro）、卡利班甘（Kalibangan）、洛塔尔（Lothal），以及近年受到关注的多拉维拉（Dholavira）。

文字文物与文字种类

作为资料记录留下的印度河文字主要出现在以下物品上：

1. 阴刻文字的冻石印章；

2. 被盖章的陶片、陶器，铸造成型的陶片、彩陶、金属片；

3. 供直接阅读的浅刻文字的冻石、陶片、彩陶等，以及各种形状的小工艺品；

4. 刻有线条的陶器；

5. 摩亨约达罗出土的小铜片，通常一面是文字，一面是图案；

6. 刻有文字的青铜器；

7. 刻有文字的象牙、兽骨；

8. 其他。

今天这些文物有近 5000 件。其中有超过 3500 件是摩亨约达罗和哈拉帕出土的，约 300 件是洛塔尔、卡利班甘出土的，还有一些出土于美索不达米亚等南亚次大陆以外的地方。

字符最多的文物是一件彩釉陶制三棱柱，三面共分布有 26 个字符。其中字最多的一面是一个四方印章，三行共 17 个字符，其中最多的一行有 14

图6 刻有字符的印章

个字符。有的文物上只有1个符号，可以推算已出土的文物平均字符数是5个左右。

不过，根据哪些符号算是一个字符的不同判断，得出的字符数会大为不同。即哪些符号是独立的字符，哪些是复合的，而且这些符号中有些非常相似，哪些是同一个字符的异体，哪些又是别的字符，看法不同，根据不同的解释得出的结论自然不同。帕博拉教授认为有385个字符，另一位著名的研究专家马哈德万（Mahadevan）认为是417个，也有研究者认为没有那么多，有的甚至判断不到100个。苏联专家在这方面取得了重大成果，数出了 300 多个字符，近年的主流看法是印度河文字大约有 400 个基本字符。

假设有 300—400 个字符，那么有这个字符数的文字是表意文字还是表音文字呢？如果是表意文字，300—400 个符号太少，如果是表音文字，这个数量又太多。大家都知道汉字是表意文字，有几千个。同样是表意文字的英文字母有 26 个，日语假名有 50 个。因此，多数研究者认为印度河文字是音意同存文字，即在表意文字的阶段，已经出现了一些表音文字，属于表意向表音过渡的进行时阶段。

关于字符书写是从右向左还是从左向右，研究者的共识是从右向左。考古学家 B. B. 拉尔博士根据印章刻写的线条交叉重合时黏土的隆起情况得出了这个结论，帕博拉教授给出的决定性证据是四方形印章的三边都刻有不间断的字符，从书写者或阅读者的心理来看，毫无疑问都是自右向左。不过也有犁耕式的写法，即像牛耕地一样，一行左一行右，左右交互。

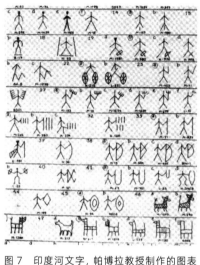

图 7　印度河文字，帕博拉教授制作的图表
的一部分

早期的破译者们

　　1920 年代开始，研究者们开始尝试解读印度河
文字。在破解工作迎来较大转机的 1960 年代末之
前，有三位早期的破译专家颇具代表性，他们是亨
特（G. R. Hunter）、赫罗兹尼（B. Hrozny）和埃拉
斯（H. Heras）。亨特在 1920 年代末开始这项研究，

是最早尝试严谨分析的研究者，他关注各字符的变化，确定了单词的界限，又注意到印度河文字与埃及、苏美尔、埃兰等古文字的关系，认为它属于达罗毗荼语族，是后来的婆罗米文字形成的基础。

赫罗兹尼对破译楔形文字贡献很大，1930年代末，他把这些成果应用于印度河文字的研究中，尝试把印度河文字作为雅利安语进行解读。埃拉斯是第一个把印度河文字作为达罗毗荼语，对其展开了真正解读的研究者，他指出了同音异义词的存在及其重要性，与之相关的"字谜画"的解读方法（rebus method）的运用，对苏联和芬兰的研究者产生了不小影响。这些早期的研究者在印度河文明研究刚刚起步、出土文物极为有限的时代，做出了卓越的成果，为后来的研究开辟了道路。

利用计算机进行解读

研究的转机得益于1960年代计算机的应用。克诺罗佐夫（Yuri Knorozov）教授率领的团队于

1964 年开始利用计算机进行研究，在 1965 至 1981 年间公布了 6 份报告。他们把所有的文字资料不间断地输入计算机，采用区间统计法进行解析。文字被分成了从 1 个字符到 5 个字符的小组，多数情形下，每个组即一个个字符或者复合字符。通过追踪每组中字符的变化情况，他们发现字符由 3 个部分组成：不变部分、可变部分和准可变部分。不变部分和可变部分相当于词素和接尾词，准可变部分相当于修饰语或连接词素与接尾词的接续部分。由此他们认为这些符号所形成的语言具有以下 5 个语法特点：

1. 句子的语序是一定的；

2. 修饰语在被修饰语前面；

3. 名词前面的名词起到形容词的作用，不需要加接尾词；

4. 与名词结合的数词不需要复数接尾；

5. 只有接尾词，没有前缀词和插入词。

符合上述特征的语言，研究者们举了达罗毗荼语为例。其他作为候补的语言中，印度雅利安语和蒙达语因为有前缀词和插入词被否定了；苏美尔语和埃兰语等西亚语言，也因为修饰语在被修饰语后面被排除了。

为了进一步弄清印度河文字属于哪种语言，他们对每个字符的意义和停顿时长进行了确定。这个过程中他们应用了"字谜画"的解题方法。例如，字符组的末尾经常出现 ∜，这个符号表示菩提树，菩提树的一个种类在达罗毗荼语群中是 ati / atti，由此他们推断这个符号相当于达罗毗荼祖先语言中的间接格[1]（ti / atti）。顺便说一下，泰米尔语的间接格 attu 在泰卢固语中是 ti。再例如，他们把同样频繁出现在字符组末尾的 ⊟ 释译为与格[2]，并根据"星"（min）是"鱼"（min）的一个同音

1　间接格：也称斜格，语言学中一种名词格，使用于名词或代词是动词或介词的宾语时。

2　与格：也称目的格，名词等做间接宾语的一种形式。

异义词判断 ⇧ 表示星星，这与埃拉斯的判断一致。同时他们尝试通过分析当时人们对神的认识和神话去解读每个字符。

帕博拉教授领导的芬兰研究团队自 1969 年发表了第一篇简短的报告以来，一直专注于计算机研究。他们在文字样本的收集、字母研究、语料库的制作上投入了大量心血，推动了研究进展。与苏联的研究者不同，他们研究字符的表达方式，利用计算机分析出土文物上的字符轨迹。他们也注意到字符 ⇊ 和 ↑ 常出现在文末，且这两个字符从不会形成组合，以此为线索，他们找到了相当于苏联团队发现的不变部分与可变部分的"单词"与"格助词"，尝试确定句子的断句和语法结构。他们的研究从一开始就沿着印度河文字在很大程度上可能属于达罗毗荼语的思路展开，得出了和苏联团队相同的结论：

1. 只使用接尾词；

2. 修饰语在被修饰语的前面。

基于上述结果，他们也认为印度河文字属于达罗毗荼语。

不过，和苏联团队不同的是，他们把 ⧗ 解释为所有格，把 ↑ 解释成与格，把 ⋔ 解释为复数接尾词，把 ⊨ 解释为女性用语的词尾。与苏联团队相同的是，他们也把星星作为研究重点，并结合印度河文明诸神以及印度教诸神综合考虑。

现在还有一人在坚持不懈地制作语料库，利用计算机对语料库进行分析，他就是印度泰米尔古文字研究专家马哈德万。他的研究也是在印度河文字是达罗毗荼语这一前提下进行的，不过他更多地使用并行对比的方法进行解读，即找到与印度河文字使用情况最接近的情况下的达罗毗荼语资料，以此为切入口进行各种对比推定。例如苏联团队认为印章上的文字是印章拥有者的名字，频繁出现在文末的符号 ⧗ 是所有格的间接格语尾，而芬兰团队认为那个符号就是所有格；马哈德万教授则发现在与之最为相似的泰米尔语情况中，它表示的是主格，由此推定这个符号是接在男性单数人称后面的一般人称词尾。

亚述学者威尔逊教授（James Kinnier Wilson）关注苏美尔文明与印度河文明的相似性，认为苏美尔文字和印度河文字是从同一种文字中分化出来的。印度考古学家 S. R. 拉奥（S. R. Rao）博士则提出了一个相当特别的观点，他认为其他学者所认为的 300 多个字母，多数情况下是两个以上的字母组合而成，或者有的是辅助记号，在印度河文明的晚期，随着文字逐渐向表音化发展，字母已经缩减到 20 个左右。他判断印度河文字是雅利安语的早期形态。

语言的比照与今后的研究

如上所述，不少学者都认为印度河文字属于达罗毗荼语，但也不是所有学者都认同这一看法。印度河文字解译的权威专家、达罗毗荼语研究者卡米尔·兹韦莱比尔（Kamil Zvelebil）教授对此持谨慎态度，他指出印度河文字是达罗毗荼语的可能性虽然很大，但在语法结构上和阿尔泰语系也有很多相同特征，不能排除是阿尔泰语的可能性。吠陀研究者中也有人提出反对意见，理由是雅利安语对达罗毗荼语的借用很少。不过，把苏联团队与芬兰团队的分析结果和印度次大陆的历史状况结合起来看，还是印度河文字属于达罗毗荼语的可能性最大。

在文字本身的形态上，大量文献资料和考古发现都已经证明苏美尔文明与印度河文明有过交流，文字之间也存在一定的相似性。但那不过是部分相似，多数研究者对印度河文字来源于苏美尔文字的说法持否定态度。后来的婆罗米文字和南印度巨石文化遗址出土的陶器上的线刻符号，都多少与印度河文字有些相似，但这种相似有可能是偶发现象，大多数研究者也否认它们源自印度河文字。在文字影响关系方面，研究者普遍认同的文字只有古埃兰文字。但古埃兰文字比印度河文字早几百年，很难把两者直接关联在一起，帕博拉教授则认为古埃兰文字与苏美尔文字时代相同，都没有资料留存于今，但既然苏美尔文字对印度河文字确实有过影响，那么古埃兰文字很可能也对印度河文字产生过影响。另外，语言学方面也有观点认同达罗毗荼语与古埃兰语有亲缘关系，兹韦莱比尔教授颇具启发性地提示古代可能存在过埃兰·达罗毗荼语族。总之，埃兰语的研究可能是推进今后印度河文字研究的一个关键。

遗憾的是，近年来在利用计算机确定每个字符的意义和停顿时长并进行解读方面没有取得多大进展。许多研究者采用的以同音异义词为线索的"字谜画"方法，由于过度使用也遭到颇多质疑，而且也存在无法对每个案例进行验证的问题。

破译困难的原因主要是以下三点。（1）文物上的文字样本都太短，没有构成包含动词在内的文章；（2）没有供对比的其他已知文字资料；（3）文字使用年代比较短，没有音声文字发展过程中的任何线索。有如此多的不利因素，印度河文字是否能够被破译，或者说还需要多久才能被破译，前景并不明朗。目前唯一明朗的是近来文学资料的收集、图像集与语料库的出版等研究条件得到了快速完善。

帕博拉教授的变化

最近因视频教材制作事宜，有幸和帕博拉教授直接探讨了上述问题。教授的观点近年发生了一些变化。芬兰团队在计算机的文字行动模式分析上，一直都没有像苏联团队那样用公式给出明确的结论。近年教授的关注重点似乎从计算机分析转移到了采用"字谜画"解题方法的推论上，在各方面的看法都显得比过去慎重。

以前帕博拉教授和苏联团队一样，认为印度河文字语言"只使用接尾词"，现在他虽然依旧保留这个观点，但也认为不能完全否认接头词的使用。还有，过去认为是所有格的符号 ∦，现在他认为它在两个字符之间时是所有格，而接在文末时，也可以解释成间接格、主格或者人称词尾，这一点和马哈德万的见解相近。不过帕博拉教授依然认为印度河文字属于达罗毗荼语，只是需要更多的证据来证明。

参考文献

A. R. Zide and K. V. Zvelebil (eds.), *The Soviet Decipherment of the Indus Valley Script*, Mouton, The Hague, 1976

辛島昇・桑山正進・小西正捷・山崎元一《インダス文明 —— インド文化の源流をなすもの》ＮＨＫブックス、日本放送出版協会、1980

Asko Parpola, *Deciphering the Indus Script*, Cambridge University Press, Cambridge, 1994

Gregory L. Possehl, *Indus Age: The Writing System*, Oxford & IBH Publishing Co., New Delhi, 1996

Jonathan Mark Kenoyer, *Ancient Cities of the Indus Valley Civilization*, Oxford University Press, Karachi, 1998

6 / 印度教
石庙墙壁上的刻文

—— 王朝史和社会史的解读

没有史书的印度历史

　　吠陀学的世界性权威专家辻直四郎博士在一篇名为《没有史书的印度历史》的论文中阐述了印度刻文研究的重要性。所谓刻文，一般指碑文，但在印度，不光是刻在石碑上，还会刻在石造寺庙的墙壁上、刻在铜板上，所以这里统一使用"刻文"一词。辻博士说道，印度没有像中国和日本那样编撰史书的传统，给历史研究带来很多困难。

　　中国自司马迁的《史记》开始，历代王朝都编撰正史且保存至今。唐代以后修撰正史成为国家大事，以编年体[1]形式详细记录皇帝的统治以及行政制度、社会经济，乃至重要人物传记等。因此研究历史时，阅读正史就能把握历史概要，此外还有木简竹简、地方志等丰富的史料辅助更深入的研究。

---

[1] 中国官修正史采用纪传体而非编年体，这里指的应是按时间顺序记述历史的方式。

但是在印度，由于历史观的不同，除了极个别的例子外，不存在中国那样的"史书"。要了解古代有些什么王朝，被什么样的国王统治过，因为没有可查阅的史书，在这个意义上作为替代的就是刻文。当然，印度也有古代流传下来的丰富的宗教文献和文学作品，它们也不是完全没有史实功能，但这些书的成书时间不明，记录的内容哪些是史实也无法判别。作为年代确切的真正史料的，就是刻文了。

阿育王的刻文

从数量上来看，保存下来的印度刻文主要集中在南印度的印度教石庙墙壁上，其对历史学和刻文学都有十分重要的意义。先来看看阿育王的刻文。说到"阿育王"，我们马上想到的就是大石柱上的刻文，一般称作法敕石刻，多残留于恒河流域。鹿野苑（Sarnath）的石柱柱身倾倒断成数节，柱头上雕有四头雄狮，印度国徽图案便是由此而来。

其他不是刻在石柱上的刻文，称作摩崖法敕。摩崖一词，容易让人以为是在突出的山崖表面进行雕刻，其实大都是在滚落于山谷中相对平滑的巨石表面上刻出来的。所谓法敕，则是国王的诏敕，内容是弘扬推广王的理想——正法（Dharma）。阿育王是公元前3世纪孔雀王朝的皇帝，也是刻文留存至今的最早的一位皇帝，他的刻文相当独特，以记录自己的统治理念为主。超过40处的阿育王刻文分布在从阿富汗到恒河流域中部以及南印度德干高原的广大地区，彰显了孔雀王朝的辽阔疆域，在印度古代史研究上具有不可估量的重要性。

同时，阿育王刻文对印度刻文研究，即刻文学的形成起到了极其重要的作用。18世纪开始统治印度的英国人曾尝试通过解读刻文来研究印度古代史，但刻文使用的是古代相应时期的文字，无法解读，不要说写了什么，就连是用什么语言写的，当时都搞不清楚。破译这些刻文经历了一个漫长的过程。

婆罗米文和佉卢文

阿育王时代的印度所使用的主要语言是婆罗米文和佉卢文。这两种语言也不是一开始就得以破译，最初破译的是9世纪后半期帕拉王的刻文。从文字的发展历程来看，帕拉王的刻文是婆罗米文逐渐发展、在8世纪形成城文之后出现的，城文虽发生了一些变化，但一直使用至今，因此破译帕拉王刻文的难度不是太大。1830年代以后，詹姆斯·普林塞普（James Prinsep）破译了5世纪笈多王朝的婆罗米文字，接着他又往前回溯破译了孔雀王朝的婆罗米文刻文。

婆罗米文从公元前6至前5世纪左右开始使用，其后逐渐演变，在印度各地乃至东南亚传播、使用，不断发展成今天各地的文字。在北印度，婆罗米文在8世纪前后演变成城文，成为今天印地语等语言的书面语；在南印度，婆罗米文很早就演变出泰米尔文，并成为其他诸种语言的基础。东南亚的缅语、泰语、巴利语等，都来自婆罗米文。

佉卢文主要在公元前后使用于印度西北部，虽一度传播到亚洲中部，但在印度笈多王朝期间被婆罗米文取代。其破译也是普林塞普完成的，因为货币的一面是佉卢文，另一面是希腊文，解读相对容易。普林塞普在文字破译方面确实立下了汗马功劳，但纵观印度文字的发展，为印度刻文学、古文字学研究奠定了基础的是之后的马克斯·缪勒（Friedrich Max Müller）。不过，也有很多人反对缪勒认为佉卢文与婆罗米文都源自北闪族语系的埃兰文的观点，可能是因为他的观点彻底改变了婆罗米文是在印度独立诞生发展的主张吧。

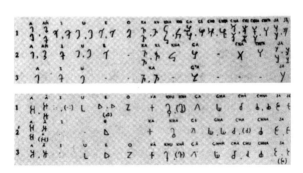

图 8　佉卢文（上）与婆罗米文（下）

朱罗王朝时期的泰米尔语刻文

这一节我们来看看作为史料的刻文本身，以及利用刻文进行的历史研究。先来看 9 世纪至 13 世纪、以高韦里河三角洲为中心统治着南印度的朱罗（Chola，10—13 世纪）王朝的刻文。下面是印度教石庙壁上的 10 世纪泰米尔语刻文的意译：

祝您幸福。罗荼罗乍王统治的第四年。我们这些位于北岸的婆罗门村落布伊拉纳拉亚纳村的村吏，于这一年水瓶座月的星期二，21 日，在布伊拉纳拉亚纳（毗湿奴）寺院集会，一日三次向阿南底修巴拉寺院的（湿婆）神灵供奉神膳，我们村的地主们奉上东边的附属小村庄喀布贝利村和寺院周边所有的土地。

于是，喀布贝利村的水田、灌溉地、非灌溉地、居住区、蚁冢、高耸的土地、水池、牛圈地、集会场、小牛放牧地、河流、河堤、向上的树、向下的井，以上全部，以及蜥蜴跑过、乌龟爬过的所有土地，毫无遗漏，一日三次作为神膳全部供奉给这个神。只要日月尚存，我们村的地主都免税供奉。

下面解释一下刻文内容。朱罗王朝的每一代皇帝都有罗荼罗乍的称号，因此只凭罗荼罗乍这几个字，很难判断到底是哪代皇帝。不过，太阴历水瓶座月 21 日星期二，相当于公历 952 年 1 月 27 日，可推算出这位皇帝是犍陀罗阿迭多（Gandaraditya）。这个村庄是皇帝御赐的婆罗门村庄，村庄里一般设有由婆罗门地主组成的共同体组织，称作"沙巴"，并设有叫作"佩鲁恩古利"的执行部门，刻文中译作"村吏"的就是这个执行部门的人员。婆罗门村庄规模一般都很大，这个村子周围有个叫作皮达哈伊的小村，居住着非婆罗门的种地人。

刻文的主要内容是这样的：村吏们在村子里的毗湿奴寺院集会，为了筹措给村子里的湿婆寺院的神膳费用，决定把一个小村庄以及寺院周边的土地（道路）捐赠给寺院。如果没被捐赠，来自该小村庄的收入会根据土地持有率分配给婆罗门地主们，现在他们放弃这个收益，且那片土地产生的税收也由他们自己负担，不向寺院征税，因此这个决定虽说是为了宗教活动，但对地主们来说是一笔相当大的出资。这段文字刻在该湿婆石庙墙壁上保存至今。

从这段文字中我们可以了解到多方面的信息。首先是皇帝名。这里只写了罗荼罗乍，其实大多数

GS京（2023）3698号

图9　11世纪末的印度

刻文会记录个人名字，如果还写有日期的话，该皇帝的统治时期等重要基本信息就清楚了。在没有史书的印度，必须把刻文中出现过的皇帝名搜集起来，推定其统治时期，再以此重构王朝历史轮廓。朱罗王朝的很多刻文都记录了如上的婆罗门村庄的捐赠和其他仪式，从中可以了解到村子里设有称作沙巴的婆罗门地主组织，组织中有叫作佩鲁恩古利的执行部门，还有叫作巴利亚姆的各种实行委员会；还可以知道小村庄有可灌溉的水田和无灌溉的旱田，有水井，等等。当然这种对村庄土地的描述属于公式化的语句，并不能如实反映村庄情况，但还是能够从中把握到该时代该地方村落内土地的一般状况。

刻文史料编纂所

那么我们来看看在印度像这样的刻文到底有多少。北印度几乎都是梵语刻文，加上其他的雅利安语系的地方语刻文和南印度的梵语刻文，以梵语为主体的雅利安语系刻文大约有 3 万个。在南印度，仅泰米尔语刻文就有约 3 万个，卡纳达语刻文约 1.7 万个，泰卢固语刻文 1 万个，再加上少数马拉雅拉姆语刻文，达罗毗荼语系刻文大约共有 6 万个。虽然还有一些其他语种的刻文，例如波斯语，但南印度的达罗毗荼语系刻文的数量在保存至今的印度刻文中是压倒性的，主要是因为南印度保存下来的印度教古庙多，而且大多数石庙墙壁上都有刻文。

印度在 18 世纪后半期成立了考古调查局，刻文也成为调查研究的重要环节。由于刻文主要集中在南印度，调查局的中心机构刻文史料编纂所便设置在南印度，现在位于迈索尔市（Mysore）。时至今日，该编纂所一直往各地派遣工作人员，拓印石庙墙壁以及其他地方新发现的刻文，然后进行解读，制作成文献出版。由于搜集的文本数量过于庞大，出版速度往往滞后，不过还是有大量史料已经结集出版了，如《印度刻文年报》《阿育王刻文》《南印度刻文集成》等。历史研究者利用这些文献开展研究，但由于编纂者的解读也未必正确，加上还有大量史料未出版，研究者不得不自己去解读。不过既然刻文是最基本的史料，这也就是没办法的事。

刻文的经济史与社会史研究

在南印度，利用刻文进行历史研究的主要是以马德拉斯大学尼拉坎达·萨斯特里（Nilakanta

图 10　16 世纪末的印度

Sastri）教授为首的一批优秀学者，他们勾勒出朱罗、潘地亚（Pandya）、毗奢耶那伽罗（Vijayanagara）等各王朝的历史轮廓。萨斯特里教授也做社会经济史的研究。以往这方面的研究一般都是找几个刻文作为样例来讨论，这种情况下的讨论难免会有些主观随意。萨斯特里教授则将刻文作为史料对待，尽可能多地搜集刻文，然后利用统计分析的方法进行研究。最近他的这种做法得到广泛认可，成为一种主流研究方法。

从上面引用的朱罗王朝刻文中可以清楚看到，刻文可以成为社会经济史研究的史料。下面再引用一个毗奢耶那伽罗时期（14—17世纪）的刻文：

> 这是给居住在瓦尔什提兰帕陀邦的卡伊可拉的告示。一直以来你们都没有使用肩舆和法螺的特权。来了很多坎奇普拉姆的卡伊可拉，直接向阿拉姆拉特·纳亚卡递交了诉状。纳亚卡命令我们给你们乘肩舆和吹法螺的特权。所以我们决定只要日月尚在，就让你们享受此特权。这是康恩

卡拉雅恩的签名。这是伊拉雅布帕达·康恩卡拉雅恩的签名。（以下两位签名略）

这是 15 世纪末的刻文，保存在泰米尔纳德邦中部的一座庙宇壁上。毗奢耶那伽罗王国在全国各地设置地方执行官代为统治，称作"纳亚卡"。其中一个纳亚卡命令当地的领主们（这里他们的称号是康恩卡拉雅恩）给予卡伊可拉特权。卡伊可拉是织布工的种姓名称，13 至 14 世纪随着印度棉布出口贸易的增加，卡伊可拉的势力大大增强。从刻文中可以看出泰米尔纳德邦北部（坎奇普拉姆）的卡伊可拉最先有了实力，在他们的推动下，中部的卡伊可拉也获得了特权。在某些活动上能否坐肩舆、在某些仪式上是否有吹法螺的资格，是关乎种姓身份的大事，可见从这个时代起种姓之间就经常围绕这些事发生争执。

朱罗王朝的刻文中有不少都与村庄内部的土地相关，毗奢耶那伽罗时期的刻文则有很多记录了纳亚卡的统治，而且内容五花八门。庙宇墙壁上的刻文不一定都是关于宗教捐赠的，除了前面那则刻文外，还有记录地方领主之间的政治约定、农民和工匠无法忍受苛捐杂税决定揭竿而起等各种各样的内容。记录国王和纳亚卡们减免赋税的刻文也很多。要考察当时的税目情况，统计分析是最行之有效的方法。研究者在朱罗王朝的刻文中找到442条税目，在毗奢耶那伽罗时期的刻文中找到563条，这个数量相当惊人，让人不免怀疑当时是否已有清晰的税收政策。但按年代和地区对其出现频度进行分析后，发现朱罗王朝的基本税目实际上是7条，毗奢耶那伽罗时期的则是5条。

泰米尔语刻文内容最为丰富，可以成为各种研究的材料，里面甚至有关于咖喱的记录。前面引用的刻文中提到向神灵奉献的食物，有的刻文就专门记录了制作这种供品食材和方法，例如在半岛南端相邻的两个村庄，发现了潘地亚王朝泰米尔语刻文（9世纪），其中记录了制作一种叫"库托"的菜品所需的调味料，有胡椒、姜黄、孜然、香菜和辣椒。这5种香料正是今天制作咖喱的基本材料，说明咖喱料理的原型在那个时代的南印度已经出现了。

　　总之，在没有史书的印度，刻文告诉了我们种种有趣的历史事实。

参考文献

　　辻直四郎 "史書なき印度の歴史"《東洋文化》(1950)

　　辛島昇 "チョーラ朝期タミル語の四刻文"《東洋学報》48—2 (1965)

　　塚本啓祥《アショーカ王碑文》レグルス文庫（第三文明社）、1976

　　Ahmad Hasan Dani, *Indian Palaeography*, Munshiram Manoharlal, New Delhi, 1986

　　辛島昇 "九世紀のタミル語刻文に見るヒンドゥー寺院での供儀" 塚本啓祥教授還暦記念論文集《知の邂逅 —— 仏教と科学》佼成出版社、1993

　　Noboru Karashima, "South Indian Temple Inscriptions: New Approach to Their Study," *South Asia*, vol. XIX, no. 1 (1996)

7／ 菩提树下

—— 印度与斯里兰卡的佛教

佛教诞生的历史背景

佛教是在印度诞生的宗教。关于创始人乔达摩·悉达多（佛陀）的年代，说法不一，有说是公元前 6 世纪，有说是公元前 5 世纪。这里姑且采用公元前 5 世纪的说法。重要的是，在同时期的北印度，恒河流域还有一个宗教相当兴盛，即婆罗门教。

印度次大陆这片土地上一直居住着澳亚语族、藏缅语族、达罗毗荼语族等不同语言系统的诸民族。公元前 1500 年左右，雅利安民族经阿富汗进入印度，在最初的 500 年里，他们生活在西北部的旁遮普地区，与当地原住民共生共存，公元前 1000 年左右，他们开始东进，进入了恒河流域。

在旁遮普地区生活期间，畜牧是他们的主业，进入恒河流域后，他们开始开垦山林，从事定居的农业耕种。恒河中流地带原本就生活着藏缅语族等很多原住民，雅利安人与他们彼此融合，发展农耕，到公元前 500 年左右，形成了很多国家。

雅利安人历来崇拜自然神，把雷、火、风、太阳等自然现象拟人化加以崇拜。公元前 1200 年左右完成的宗教文献《梨俱吠陀》便是他们对神的赞歌。称作婆罗门的祭司们主管宗教事务，在社会中的力量迅速强大，作为祭祀典礼的执行者，他们被认为具有支配神的能力。以祭礼为中心的婆罗门教由此而形成，时间大约是公元前 800 年。

婆罗门教兴盛期间，出现了与之抗衡的新兴宗教，即佛教和耆那教。耆那教的创始人筏驮摩那（即摩诃毗罗）与佛陀是同时代的人，这些具有革新意义的宗教也兴起于恒河中游，颇耐人寻味。恒河流域上游定居着强大的雅利安人部落，婆罗门势力强盛；中游生活着很多原住民，他们建立的国家相对于婆罗门教的传统，比较开放自由。佛陀是释迦族王子，摩诃毗罗出身于离车族贵族，这两族都不是雅利安系，而是属于藏缅系。

佛教与印度教

佛陀的教义注重人内心正念的培养，而不像婆罗门教重视祭礼。要保持正念，则须有正确的行为。摩诃毗罗的教义与之相近。佛教与耆那教这些革新式的新兴宗教都提倡内心修为，对此，婆罗门教也在这个时期出现了改革自身的新动向，诞生了《奥义书》，这本典籍虽然是阐发吠陀教义的，但内容极具思辨色彩。

婆罗门教的自我革新与其改革的结果——印度教的创建后面再谈，这里先来谈谈"出家"。我们耳熟能详的轮回观最初并不是雅利安人的观念，而是原住民的。佛陀认为要从轮回中获得解脱，必须出家修行。公元后产生的大乘佛教强调慈悲的实践，承认"在家"修行，而这之前的部派佛教重视出家，没有出家的普通人只被视作出家者集团的支援者或后备军。

出家人埋头修行，自然需要有人提供支持，最大的支持者是国王和被称作长者的城市里的富商。佛陀就是有了频婆娑罗王和给孤独长者等人的支援，才得以和弟子们四处宣扬佛法。佛陀死后，在阿育王等众多国王和商人的皈依与支持下，佛教教团一直维持了下来。在公元前后的贵霜帝国时代，佛教传播到以旁遮普为中心的次大陆西北部，同时还传播到百乘王朝统治下的德干，甚至远播到东南方的安得拉地区。

贵霜帝国统治下，除了佛教，还流行着琐罗亚斯德教、婆罗门教、耆那教以及希腊、罗马的诸神崇拜，因此佛教在越过恒河流域传播到边远地区的过程中自身也发生了变化。即前面提过的重视慈悲的实践、承认在家修行的大乘佛教思想得到了强化，佛教因此深入到普通民众中间，规范着他们的日常生活。但要不断吸纳新信徒却实非容易之事。

这是因为自佛教创立初始便开始自我革新的婆罗门教，以印度教的新身份慢慢展开了势力，在民众的生活中扎下根来。内容思辨的《奥义书》宣扬的"梵我同一"在日本也广为人知。"梵"是宇宙的原理，"我"是个人的自我本质，梵与我本质上是同一的，悟透了这点便可获得解脱，这种理念已经与婆罗门教的仪礼观相去甚远。

印度教不断吸收新的思想，又发展出融合了土著信仰的湿婆神、毗湿奴神的人格神崇拜，势力不断深入民间。早期的佛教以出家人为对象组织教团，印度教则不组建类似的封闭集团，而是与种姓制度密切贴合，从一开始就将全社会作为对象，发展出了一套将其全部涵盖的理论。因此，当佛教发展出大乘的新思想、谋求渗透到社会各阶层时，民众却已经被印度教网罗，发展新信徒基本上不可能了。尤其在西罗马帝国灭亡后，国际贸易活动蒙上阴影，佛教作为主要支持者是商人的城市宗教，遭遇巨大打击。

大乘思想的出现意味着佛教向印度教思想的靠近，而在印度教方面，强大的吠檀多学派以《奥义书》为中心积极发展思辨哲学，同样也是在向佛教靠近。其结果是，吠檀多派的学说和佛教的学说没有太大不同，7 世纪时该派的思想家、印度哲学家第一人商羯罗甚至被称为"假面佛教徒"。

随着密宗的发达，这种倾向越发明显。7 至 8 世纪后，佛教尊奉大日如来对佛教与印度教的相互靠近产生了决定性影响。二者在复活婆罗门教仪礼方面也是互通的，两者的靠近，意味着佛教在印度丧失了独特性乃至存在的理由。换言之，佛教被印度教同化了。而给佛教最后一击的是阿富汗的侵入。

佛教在印度的衰亡与复兴

12世纪，古尔王朝的军队从阿富汗侵入印度，为了掠夺财富，他们袭击了恒河流域的寺庙。那烂陀寺、超戒寺等重要的佛教僧院首当其冲地被抢劫一空，佛教在13世纪初遭到了毁灭式打击。与印度教不同，佛教在普通民众中没有太多坚定的信者，作为教团组织中心的僧院一旦遭到破坏，便无计可施，只能走向崩溃。而印度教又一直在竭力将佛教吸纳进自己内部，最终，佛陀成为毗湿奴神10个化身中的一个。

佛教在印度的复兴是进入20世纪后的事情了。19世纪英国统治下的印度知识界掀起了社会改革运动，先驱人物是拉姆·莫汉·罗伊（Ram Mohan

图 11　那烂陀寺遗址

Roy）。实际上这场运动是由众多改革家一起宣扬
和推动的，旨在批判和破除种姓歧视、寡妇殉夫等

印度教的"不合理陋习"。有人主张回归染上陋习之前的"吠陀"教义，在不断推广的改革风潮中，也有人开始关注在印度宗教中各种理念相对更加"合理"的佛教。圣雄甘地就是其中一人，他在伦敦读到埃德温·阿诺德（Edwin Arnold）讲述佛陀生平的长诗《亚洲之光》（"The Light of Asia"），感佩不已。

把知识分子对佛教的关注推动为具有现实意义的社会运动的是阿姆倍伽尔（Bhimrao Ramji Ambedkar）。他出身于马哈拉施特拉邦一个贱民家庭，在一位开明的藩王资助下去美国读书，回国后投身于贱民解放运动。圣雄甘地也力主废止对贱民的差别对待，但不反对种姓制度本身；阿姆倍伽尔自己就是个贱民，遭受过种种歧视之苦，因此反对种姓等级制度，与甘地产生了对立。印度独立后，阿姆倍伽尔出任首任司法部部长，作为宪法起草委员会的主席活跃着，但最终贱民依然没能从印度教的歧视中解放出来。1956 年，在去世的两个月前，阿姆倍伽尔率领数十万贱民脱离印度教改信佛教。

在这之后，不断有贱民改信佛教。现居住在印度的 600 万佛教徒中的绝大部分都是改信的信徒，他们往往被称作新佛教徒（Neo-Buddhist）。

"佛教国家" 斯里兰卡

这一节来谈谈斯里兰卡的佛教。佛教虽然在斯里兰卡有过多次演变，但这个国家对佛教的信奉是从公元前就开始并延绵至今的。5 世纪后佛教徒编写的王朝史书《大史》（Mahavamsa）记录了斯里兰卡建国的故事。

建立"狮子国"僧伽罗王国的是从北印度来的维杰耶王子，其祖父是头狮子。王子被父亲驱逐出王国，坐船来到斯里兰卡，迎娶南印度潘地亚皇家的公主为妃。因一直无子，就让弟弟的儿子从印度过来继承了王位。这位新国王的王妃就是诞育了佛陀的释迦族的公主。他们的子孙以阿努拉德普勒作为首都世代统治王国，公元前 3 世纪，在天爱帝须王统治期间，阿育王的儿子摩哂陀把佛教带到了这个岛上。

这个故事是佛教徒编写的，主旨是天选子民思想，即这个岛的岛民是佛陀精挑细选出来的，佛陀自己也曾三次到访过该岛。但是公元前 1000 年纪中，已有雅利安人从北印度迁移至此，语言学和考古发现都证明确有其事，而刻文及其他史料又证明公元前 3 世纪左右佛教已传到了斯里兰卡。

传播到斯里兰卡的长老派上座部佛教，得到当地王权保护，在首都阿努拉德普勒建了一座名为大寺的寺院与一座舍利塔。公元前 1 世纪初又修建了一座无畏山寺，两家寺院经常发生势力争斗。相比大寺，无畏山寺和建于 3 世纪的祇多林寺更宽松自由，对在南印度兴盛起来的大乘佛教也不排斥。

原则上斯里兰卡的佛教是以出家者为中心的部派佛教，以皇家为首的在家修行者们一直在提供援助。与印度的情况不同，佛教传来之前，婆罗门教或者说印度教并没有在斯里兰卡普及。6 世纪后，印度教在南印度兴盛起来，影响力增强，但传到斯里兰卡时佛教已经在当地普通民众的日常生活中落地生根，与印度的情形正好相反。

斯里兰卡佛教中不同宗教的融合

有人指出，在佛教向本质上不过是支持者的普通在家修行者渗透的过程中，诵经仪式发挥了重要的作用。这个仪式的核心是僧人用巴利语诵读经文，守护在家修行者免受恶灵侵扰，为其谋求疾病治愈、家庭平安，具有很强的咒术和祈祷意味。而且，把来自菩提伽耶的菩提树信仰与本土的树木崇拜传统结合在一起，对扩大在家修行者中的佛教影响也起到了非常大的作用。斯里兰卡的佛教寺院里一定会种有一棵巨大的菩提树，朝拜的人络绎不绝。

再看看斯里兰卡佛教寺院里供奉的守护神，就可以更清楚地看到佛教、印度教与之前的民间信仰相结合是如何吸引人们向佛的。例如位于康提附近的中世纪建筑兰卡蒂拉卡寺里的佛陀祠堂，其外围供奉的是象头神犍尼萨、维毗沙纳（Vibhishana）、毗湿奴、萨曼（Saman）和卡塔拉加玛（Kataragama）[1]

1　卡塔拉加玛：斯里兰卡的守护神。

这五位守护神。毗湿奴和犍尼萨自然是印度教的大神。卡塔拉加玛在印度教中称为塞建陀（Skanda），前身是南印度的战神穆如干（Murugan）。萨曼神则是与佛足山[1]联系在一起的民间诸神之一。维毗沙纳在《罗摩衍那》中是作为罗波那的兄弟出现的，但他支持罗摩，后成为兰卡之王。其中，卡塔拉加玛在斯里兰卡各地都有寺庙，去祭拜的不光有印度教徒的泰米尔人，还有佛教徒的僧伽罗人。

　　这些守护神入驻佛教寺院是 13 世纪以后的事情。即使是康提的佛牙寺，也为这些守护神另外修建祭祀建筑，充分显示了斯里兰卡佛教中各宗教的大融合。佛教将印度教和民间信仰（包括菩提树信仰）吸纳进来，再通过面向普通民众的诵经辟邪仪式，牢牢拴住了在家修行者，与印度的佛教被印度教同化形成了对照。

1　佛足山：Adam's Peak，又译作亚当峰，位于斯里兰卡西南部，僧伽罗语称为 Samanaliya，是斯里兰卡岛守护神萨曼神的居所。山顶有一个巨大足印，因而成为佛教徒、印度教徒的朝觐圣地。

在斯里兰卡历史上，出家僧团曾多次遭遇危机。每遇到危机，国王和普通信众就从缅甸和暹罗招请佛僧，改革僧团，另起宗派。18世纪时，由于僧团崩坏，无法为出家人授成为正式僧侣需要的具足戒，出身于南印度纳亚卡尔族、原是印度教徒的康提国王特地从暹罗请来法师传授。但是这些暹罗僧人创建的暹系宗派，只和高位种姓交往，于是又从缅甸请来法师，另创了阿玛拉布拉（Amarapura）一系的宗派。但无论如何变动，就像卡塔拉加玛所代表的那样，对佛教与印度教和民间信仰的同时信奉，始终毫不矛盾地存在于民众中间。

总之，斯里兰卡佛教在僧团、国家、普通信众中建立起绝妙的平衡，同时对印度教、民间信仰以及伊斯兰教等信仰进行了很好的调和。虽然有人担心这种微妙的平衡会因民族纷争被打破，但信众仍源源不断地去阿努拉德普勒的菩提树下和卡塔拉加玛寺庙朝拜，这展示了他们在漫长岁月中建立起来的、体现在日常生活中的信仰的力量。

参考文献

青木保編《聖地スリランカ —— 生きた仏教の儀礼と実践》日本放送出版協会、1985

前田恵学編《現代スリランカ上座部仏教》山喜房、1986

杉本良男編《もっと知りたいスリランカ》弘文堂、1987

辛島昇 "仏教・ヒンドゥー教、イスラーム教" 歴史学研究会編《世界史とは何か》(講座世界史１) 東京大学出版会、1995

宮元啓一《仏教誕生》ちくま新書、1995

8 / 德里苏丹国的遗迹

—— 穆斯林政权和印度社会

德里苏丹国的建立

　　关于穆斯林与印度的最早接触，提及最多的
是 8 世纪初倭马亚王朝的穆罕默德·伊本·卡西姆
（Muhammad ibn Qasim）占领了信德地区（印度河
下游）。这个事件的起因是阿拉伯的商船在信德海滩
遇到了海盗袭击。虽然此事并未对印度的伊斯兰化
造成太大影响，但也有观点认为它促进了穆斯林商人
在印度洋的商业活动。伊斯兰教与印度真正接触并
由此产生了印度社会的伊斯兰化，是在 11 世纪后，从
来自阿富汗的伽色尼王朝与古尔王朝的入侵开始的。

　　10 世纪以后，伊斯兰教在东方的伊朗人与土耳
其人中间兴盛起来。10 世纪后半期，把阿富汗伊斯
兰化的突厥伽色尼王朝和 12 世纪后半期的古尔王
朝势力强大，多次入侵印度。他们的目的原本是掠
夺财富，并非扩大伊斯兰教的影响。但是古尔王朝
苏丹穆罕默德的武将库特卜·丁·艾伊拜克（Qutb
Din Aibak）于 13 世纪初叶在印度建立独立政权，
从此出现了新情况。艾伊拜克的统治始于 1206 年，

到1526年莫卧儿王朝建立的320年间，德里陆续出现了5个穆斯林政权。

艾伊拜克等几位苏丹均出身于宫廷奴隶，因此他创建的王朝又名奴隶王朝。之后卡尔吉王朝、图格鲁克王朝、赛义德王朝、洛迪王朝陆续建立，这5个王朝统称德里苏丹国。这期间，信奉伊斯兰教的异民族侵入印度，建立政权统治，对后世产生了极大影响。那么在这种新形势下，印度社会发生了哪些事情？对此，荒松雄[1]教授以德里的遗迹考察为基础展开了他的研究。

荒松雄教授的遗迹调查

虽然荒教授于1950年代初在德里看到数量众多的遗迹时便产生了研究历史的念头，不过实

1　荒松雄：1921—2008年，日本历史学家、小说家，东京大学名誉教授。他主要研究印度中世的政治权力与宗教势力的关系，被认为是日本印度历史研究的开拓者。其研究专著《印度历史上的伊斯兰圣庙》获1978年日本学士院奖。

际调查是山本达郎教授率领的东京大学印度史迹调查团在 1960 年代开展起来的。遗迹主要是用石头、碎石和灰浆建造的清真寺、古墓、水利设施等，上面有记录建造年代的刻文，随着调查的深入，从建筑样式到具体年代都逐步得到确定。荒教授把调查结果和文献资料相结合，研究仅靠文献无法判明的印度最早的穆斯林政权的统治情况。

GS 京（2023）3698 号

图 12　14 世纪初的印度

在这之前的印度中世史研究，并没有把遗迹作为历史研究的一部分，荒教授有意识地把遗迹纳入研究中，用遗迹讲述当时的社会状况，是非常新颖的研究方法。在这以后，这些遗迹被埋没在德里大范围城市化的浪潮中，遗迹调查也为后世留下宝贵的史料。

调查中了解到的一个重要史实是都城的变迁。奴隶王朝的都城在已灭亡的乔汉王朝的都城（吉拉－拉伊－比托拉城）上扩建了库特卜建筑群。著名的库特卜塔旁建有清真寺，寺内雕刻了女神像的铁柱便是挪用自印度教寺院。卡尔吉王朝建造了

图 13　库特卜塔高72.5 米，是印度最高的宣礼塔

新都城，最强大的苏丹阿拉乌德丁在锡里修建了椭圆形城墙，其遗迹保留至今（今天新德里南部的锡里堡遗迹）。图格鲁克王朝的创建人吉亚斯·乌德丁修造了著名的图格鲁加巴德城，但他自己还没住进去就被儿子暗杀了（？）。吉亚斯·乌德丁的儿子穆罕默德是个相当特别的人，伊本·白图泰在游记中说他性格怪异。穆罕默德在图格鲁加巴德城没住多久，就在他征服的南方德干地区建造了第二个都城——道拉达巴德，并进行了迁都。但几年后他放弃了新都返回德里，又着手建造新都城贾汗帕纳。荒教授在调查中发现新城的建造规划了相当庞大的水利设施。

接下来的苏丹菲鲁兹沙来了个大转变，他跑到比库特卜和图格鲁加巴德更北、与现在的旧德里接壤的地方，修建了一座工程浩大的新都城菲鲁扎巴德。现遗址上只有宫殿尚存，宫殿上立着阿育王石柱。菲鲁兹沙的统治时期（1351—1388年）相当于德里苏丹国的中期，这个时期修建了很多供星期五集体礼拜用的聚礼清真寺，说明穆斯林人口增加了。主要原因是从伊朗和阿富汗流入了很多穆斯林，同时也有不少印度人从印度教改宗了伊斯兰教。

苏菲派的作用和新事物的出现

荒教授关于印度人改宗的见解非常重要。历来在解释伊斯兰教势力扩大的原因时，都强调其对占领地民众的强制性宣教，即"《古兰经》或刀"的二选一。荒教授认为，至少在德里苏丹国时期不是这样，他们对印度教社会温和以待，同时乘势扩张。不过，穆斯林人口的增加，与伊斯兰神秘主义教派——苏菲派的圣者们开展的教化活动有很大关系。当时德里的苏菲圣者中最有名的是以下三位：被称作"库特卜先生"的伊朗系契斯提教团的谢赫·库特卜丁（谢赫即长老之意）、他的徒孙谢赫·尼扎姆丁，以及他们的后继者、被称为"德里灯塔"的谢赫·纳赛尔丁。他们不仅得到穆斯林的崇敬，也受到印度教修行者的欢迎。这些圣者在都

城中心或交通要冲开设哈纳卡（苏菲派的修道场），
死后他们的墓地作为圣庙，成为穆斯林和一些印度
教徒的巡礼对象，前往朝拜的人络绎不绝。

　　苏菲主义在印度受到欢迎与印度教的巴克提运
动不无关系。苏菲主义是 10 世纪左右兴盛起来的
伊斯兰教神秘主义，宣扬通过爱真主和获得神智来
达成与神的合一，印度教巴克提也宣扬通过爱和皈
依获得神的恩宠，与苏菲主义有相似之处。7 世纪
后，巴克提在南印度发展成虔信运动，传播到北印
度的时期恰好是德里苏丹国统治时期。这两种信仰
运动在伊斯兰教与印度教之间建立了交汇点，因此
对印度教徒来说，接受苏菲主义没有太大障碍。

　　苏菲圣者们与政治权力保持着若即若离的关
系。因此，他们的修道场能够开设在都城中心，而
有的苏丹出于巩固自己统治的目的，也愿意与有名
望的圣者建立关系，还有的苏丹完全皈依，并把自
己的陵墓建造在圣庙神域内。总之，荒教授强调，
政权并没有强迫治下民众改变信仰，很多人从印度
教改信伊斯兰教是受到了苏菲派的影响。

　　图格鲁克王朝末期的 1398 年，德里因帖木儿大
军的入侵遭到巨大打击。结束混乱、建立新政权的
赛义德王朝苏丹也打算建造一个新都城，但计划最
终流产了。最后的洛迪王朝也一样，第二代苏丹希
坎达尔打算在阿格拉北郊建造都城，也无疾而终。
洛迪王朝与前面几个突厥系王朝不同，它属于阿富
汗系部族，苏丹的权力在很大程度上被由很多氏族
组成的贵族势力限制着。荒教授认为，从这个时代
修建了很多陵寝建筑和中小型清真寺，就可以看出
洛迪王朝权力结构与其他王朝的不同。换言之，在
洛迪王朝，不仅是苏丹，有势力的贵族也能够建清
真寺和陵墓，因此相比前几个王朝数量激增。

　　突厥系与阿富汗系的穆斯林进入印度后，面对
统治印度的新局面，三百年间在各个方面一直处于
不断的摸索中。多次迁都说明了其政权的动荡。但
重要的是，并没有史料证明他们在这个期间是打着
宣扬伊斯兰教的旗号，以圣战的名义征服的印度。
而被统治的印度教徒一方，他们是把统治者作为突
厥人而不是伊斯兰教徒来认知和接受的，在宗教上

自我保护的意识没有那么强。

因此，印度教和伊斯兰教虽然是大相径庭的两种宗教，但在现实社会中却出现了印度教徒主动到穆斯林圣者修建的修道场与庙宇里朝拜的现象。两者的交汇点正是前面提到的巴克提信仰与苏菲主义。也正是在这个时代出现了迦比尔（Kabir）和那纳克（Guru Nanak）两位圣者。前者出生于穆斯林家庭却深受巴克提信仰的影响，批判性地统合了这两种宗教，宣扬唯一神的信仰；后者则在前者基础上发展出新的宗教，成为锡克教的创始人。

建筑方面，这个时代出现了在之前的印度完全没有先例的建筑类型，如拱形或圆顶的陵墓与清真寺。印度教寺庙因此遭到破坏，但也不是全面破坏，也不是所有新建筑都采用了新样式，而是兼采了传统的印度教寺庙的建筑形式与新的伊斯兰建筑风格。这点在印度地方上的伊斯兰建筑中尤其明显。

总之，在德里苏丹国时期，伊斯兰教是作为"文化"被引进的，因此印度教文化与伊斯兰教文化才有可能共存与融合。德里苏丹国时期正是其开端。

荒教授所说的、基于二者的融合而诞生的绚烂文化之花，其盛放则要在进入莫卧儿帝国时期之后。

毗奢耶那伽罗帝国的宫廷服装

与刚才叙述的情况相同，这个时期因接受了伊斯兰教，当然会呈现出"伊斯兰化"，更有研究者以南印度为例指出，这个时期因接受了伊斯兰文化还在更广泛的意义上产生了"伊斯兰文化化"现象。下面来看看美国历史学家瓦格纳（Phillip B. Wagoner）博士对南印度中世毗奢耶那伽罗帝国宫廷服装的研究。

先来看更早一些的朱罗王朝。9世纪到13世纪，这个王朝以东南海岸平原为中心统治着南印度，首都坦贾武尔（Thanjavur）有一座很大的湿婆寺庙，内殿的壁画上有两个并肩站立的人：王朝全盛时期的皇帝、寺院建造者罗荼罗乍一世和婆罗门诗人，这个婆罗门诗人应该就是帝师。这个先不提，这幅壁画的重点是他们裸露的上半身和发型。他们的长发编起来盘在头顶，乍看上去像戴了一顶帽子。

图 14　坦贾武尔的大湿婆寺庙，它是印度教最大的寺庙之一　　图 15　坦贾武尔大湿婆寺庙的壁画，右为罗茶罗乍一世

　　裸露上半身是南印度极其普遍的着装方式，王宫里也是如此。15 世纪初，明朝的郑和率船队下西洋到达南海，访问了喀拉拉邦的柯枝国（现在的科钦）。随行的马欢在旅行随笔《瀛涯胜览》中，记录了国王赤裸着上半身，只在腰间缠了一小块布。[1]

1　此处《瀛涯胜览》原文为：其王锁俚人，头缠黄白布，上不穿衣，下围纻丝手巾，再用颜色纻丝一匹缠之，名曰压腰。

关于国王的头饰，马欢写道"头缠黄白布"，可能就是现在包头的头巾。罗荼罗乍一世的发型可能与壁画内容是他和帝师一起在寺庙里有关系，不过他在宫廷时的发型恐怕也是这样把头发简单盘起包上头巾，或者戴上王冠。

接下来要看的是莱帕克希（Lepakshi）的一座湿婆庙主殿前堂的天顶画。莱帕克希位于南印度内陆德干高原南部，离 14 至 17 世纪统治南印度的毗奢耶那伽罗帝国的第二首都贝努贡达（Penukonda）不远。这幅天顶画的完成时间应该是 16 世纪左右。画中描绘着各种故事和场面，我们重点要看的是两个地位很高的人带着随从一起祭拜湿婆的画面。这两个人有可能是毗奢耶那伽罗的皇帝和治理地方的执行官（称作纳亚卡，地方的封建领主），总之肯定是皇宫里的有权势者。

这里要注意的是他们的服饰。他们露出上半身，穿了一件长及脚踝的宽大的白色长袖袍子。那些应该是随从的男人们着装相仿，只是他们的袍子长度到膝盖。无论是高位者还是随从，腰间都缠着绘有图案的类似腰带的布条，头上戴着比脸还长的高帽子。与之前南印度的宫廷装束大相径庭。

据瓦格纳博士的研究，这种宽大的袍子叫作卡巴依，原来自阿拉伯语的"Quaba"（意为男性穿的长袍），是中东、近东到伊朗的伊斯兰文化圈中常见的服装。它的特点是套头、两襟相对、胸前用纽扣扣住，综合了土耳其和伊朗的一些服装风格，但据说莱帕克希天顶画上的是最为正统的阿拉伯风格。他们头上戴的尖顶帽叫作库拉伊，来自阿拉伯语"Kullah"（意为尖顶帽）一词，据说是伊斯兰文化圈中的富裕阶层戴的帽子。

宗教信仰与文化

那么这就是问题了。卡巴依和库拉伊都是伊斯兰文化圈的装束，属于伊斯兰文化，而毗奢耶那伽罗的王权掌握在印度教徒手里。历来关于毗奢耶那伽罗的历史研究中，对其历史功绩最常见的说法是，抵御了来自北印度和德干北方的伊斯兰势力的侵略，坚守南印度的印度教文化长达三百年以上。

对此，瓦格纳博士强调，毗奢耶那伽罗王权是把宗教信仰与文化区别对待的，为与当时南印度社会国际化的价值标准相吻合，他们积极引进了伊斯兰文化样式的服装。瓦格纳博士还举了一个例子，毗奢耶那伽罗的皇帝们都在自己的各种称号上增加了一个"印度教诸王中的苏丹"这种闻所未闻的称号。苏丹一词没有宗教意味，是当时的国际社会中用以指代王权的一般性文化用语。

荒教授在著作《印度教与伊斯兰教》中曾阐述道："印度教徒与穆斯林的公开对立，虽然根本原因在于宗教本身的不同性格，但在现实社会与政治场域中，世俗的、非宗教的集团间的利害关系起到了更大的促进作用。"身穿卡巴依、前往苏菲圣者陵寝朝拜的印度教徒，头戴库拉伊的毗奢耶那伽罗王公贵族，都充分诠释了这一点。

斯里兰卡也是如此。民族纷争爆发后，关于僧伽罗民族与泰米尔民族，或重叠于其上的佛教徒与印度教徒相互斗争的言论不绝于耳。但正如第7章所述，这是有违事实的。我们必须要记住第1章提到的"阿约提亚事件"的教训。

参考文献

荒松雄《ヒンドゥー教とイスラム教 —— 南アジア史における宗教と社会》岩波新書、1977

荒松雄《中世インドの権力と宗教 —— ムスリム遺跡は物語る》岩波書店、1989

荒松雄《多重都市デリー —— 民族、宗教と政治権力》中公新書、1993

辛島昇 "仏教・ヒンドゥー教・イスラーム教" 歴史学研究会編《世界史とは何か》(講座世界史 1) 東京大学出版会、1995

R.A.L.H. Gunawardana, *Historiography in a Time of Ethnic Conflict: Construction of the Past in Contemporary Sri Lanka*, Social Scientists' Association, Colombo, 1995

Phillip B. Wagoner, "'Sultan among Hindu Kings': Dress, Titles, and the Islamcization of Hindu Culture at Vijayanagara," *The Journal of Asian Studies*, 55-4, 1996

9／海上丝绸之路与印度

—— 胡椒、瓷器和马匹

寻求胡椒的罗马帝国

本章的主题是海上丝绸之路与印度。打开欧亚大陆地图可以清楚地看到，从阿拉伯半岛前往东方的船只，反向从中国去往西方的船只，都会在伸入印度洋的一个大半岛交汇。印度是海上东西方贸易的中转站和东西方物资的集散地，本身也是胡椒、棉布等受欢迎的商品的生产地，一直是东西方船只的目的地。在精神文化层面，把佛教、印度教带到东南亚的是印度，接纳伊斯兰教、把它中转到东南亚的也是印度。印度在海上丝绸之路上发挥的作用是多方面的。下面来看看 1 至 3 世纪和 13 至 15 世纪的状况。

在托勒密的著述和公元前后的希腊、罗马的地理著作中，有大量关于印度的记述，其中尤为详实的是《厄立特里亚航海记》(*Periplus Maris Erythraei*) 这本成书于 1 世纪的希腊语航海手册。厄立特里亚海泛指从红海到印度洋的广阔海域，此书是为在这片海域上从事贸易的商人提供的指引。关于印度的半岛部分，书中列举了阿拉伯海岸线上的穆吉里斯（Muziris）、孟加拉湾的本地治里（Pondicherry）等港口，提供了沿什么路线、要航海几天可抵达这些港口，在当地可以进行哪些物品交易等信息。还记述了印度半岛最南端的科摩林角有"善男信女涌来祭祀，入海淋浴"的风俗，这个两千年前的风俗，今天仍然可以看到。

在印度半岛南部，先后有哲罗、潘地亚、朱罗等诸多泰米尔王朝，诞生了称作桑伽姆（Sangam）

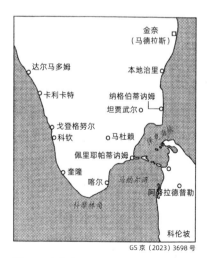

GS 京（2023）3698 号

图 16　南印度

文学的泰米尔语古典诗歌。有的诗歌描写了与罗马的贸易情形，例如其中一首这样咏唱穆吉里斯港：

> 贝里亚尔河泛起波涛，
> 耶婆那人（希腊人）的船入港，
> 满载金币而来，满载胡椒返航，
> 啊，穆吉里斯熙熙攘攘。

还有的诗赞美了在哲罗王国的宫廷里，戴着金手镯的贵妇手持金杯一脸陶醉地喝着葡萄酒（罗马的舶来品）的情景。

哲罗王国的喀拉拉地区，现在也是世界屈指可数的胡椒产地之一，前往此地的罗马船只正如这首诗里所说的，是来寻求胡椒的。靠近斯里兰卡的潘地亚王国的珍珠负有盛名，需求量也非常大。罗马则运来印度人喜欢的金子、葡萄酒、玻璃、陶器等，可穿成漂亮项链的彩色玻璃珠也受到印度人的珍爱。

1946 年的法属本地治里的遗址发掘中，在流经城南的河流岸边一个叫阿里卡梅度（Arikamedu）的地方，从倒塌的砖瓦建筑中挖出了陶器碎片、青铜制品、金币和其他一些物品。据推测，这里是与罗马贸易的一个港口仓库。更有趣的是，本地治里在泰米尔语中是"Pudu Chery"，可以推定就是《厄立特里亚航海记》中提到的"Podu Ke"。因为希腊语中没有"Che"这个音，便用"Ke"来代替。

跨海渡洋寻找黄金岛的印度人

从阿里卡梅度遗址中发现了仿罗马式样的陶器残片以及大量的珠子，可以推定此处也是仿制陶器和珠饰的生产中心。在那个时代，罗马的商品和阿里卡梅度制造的珠子以及其他产品，会继续销往更东的东南亚。在马来半岛中部的遗址（达瓜巴、甲米、布秧山谷等地）中发现了珠子，在湄公河三角洲地区的 O'keo 遗址发现了罗马的金牌、刻有印度婆罗米文字的小铜片、中国的青铜镜，以及年代较晚的青铜制毗湿奴神像等。

　　1 至 3 世纪罗马与印度之间的贸易之所以如此兴旺，是东西方这两个地区经济发展的必然结果。同时，在航海技术方面，水手希伯勒斯（Hippalus）发现了季风的规律，航海不再像以前那样需要沿着海岸线行进，较大型的帆船可以直接往来两地。印度的商人们一"马"当先，跨海渡洋寻找黄金岛的不仅有商人，还有工匠，从空统（Khlong Thom，位于泰国南部的甲米府）出土的 4 世纪的试金石上发现了用婆罗米文字雕刻的泰米尔金匠的名字。

　　从印度出发的商人和工匠中，还混杂着婆罗门、佛僧等宗教人士，他们纷纷乘船奔向新天地。包括前面提到的 O'keo 在内的东南亚各地，都发现了 4 世纪以后的遗迹和遗物（毗湿奴像、佛像、湿婆林伽、梵语刻文等）。历史上这种交往一直持续着，后与当地文化完美结合，婆罗浮屠与吴哥窟便是其结晶。下面来看看 13 至 15 世纪的东西方交流，其主角是瓷器和马匹。

中国瓷器的发掘 —— 佩里耶帕蒂讷姆

泰米尔大学的苏帕拉亚尔教授（Subbarayalu）长期与我合作研究南印度历史，1985 年我在马德拉斯（现称金奈）的时候，他说新发现了中国瓷器残片，拿来给我看。我虽不是瓷器专家，也一眼看出是龙泉青瓷，还有一些是青花瓷。发现地是一个面向斯里兰卡的小半岛南端的渔村，叫佩里耶帕蒂讷姆（Periyapattinam）。他是因为学校的事去村子附近的镇上，在那里听说村里挖出了古钱，于是跑去看，结果发现了瓷片。据说是村子里的地主建椰子园时挖出了很多，觉得危险便全都扔到了围墙外面。

我带了几片回到日本，请研究中国瓷器的权威三上次男先生鉴定，确定是 13 或 14 世纪的龙泉窑的精品，青花瓷片则是景德镇。三上先生惊喜万分，因为在这之前，几乎没有在印度海岸发现中国瓷片的报告。鉴于其重要性，我们在三菱财团的协助下组建了调查队，于 1987 年 4 月委托泰米尔大学进行发掘，与日本专家共同开展调查。通过对 7 个探坑的发掘，

表5　出土中国瓷器残片的种类和比例

种类	%	窑系	%
青瓷	60	龙泉	35
		福建	25
白瓷	15	德化	10
		景德镇	5
青花瓷	10	景德镇	10
褐釉	10	广东	10
不明	5	不明	5

共出土大约 1500 块中国瓷器残片。详细情况如表5。

一开始，很多青瓷片和白瓷片都难以确定是 13 世纪还是 14 世纪的，其年代得以确定的一个重要依据是，在地下两米、接近坑底处发现了变形莲瓣纹青花瓷片。青花瓷盛行于 14 世纪，变形莲瓣纹是 14 世纪元代青花的代表性图纹。这些残片发现于接近坑底的位置，说明包含青瓷在内的所有瓷器都是 14 世纪运到此处的。另外还发现了一些伊斯兰瓷器碎片，年代不明。

　　从这些出土的中国瓷器残片来看，现在不过是一个小渔村的地方，曾经是中国船只也会停靠的大型港口。《诸蕃志》和《岛夷志略》等 13 或 14 世纪的中国史料中，有不少记述了东南亚与印度的港口及其物产情况，那么这些史料中会有佩里耶帕蒂讷姆这个港口的信息吗？当初我在听到这个村名时，就产生了一个想法。因为我记得 14 世纪的《岛夷志略》中记述了一个地方叫"大八丹"。

　　除"大八丹"外，还有一些地名也带"八丹"二字。目前的研究认为，"八丹"是"pattinam"或"pattanam"的音译，在当地语言中用来表示港口或地处交通要冲的城市。问题是这个"大"表示什么呢？其实，"Periyapattinam"中的"periya"在泰米尔语中是"大"的意思，那么有没有可能中国人在翻译"Periyapattinam"这个词时，"pattinam"采用了惯常的音译，译作"八丹"，"periya"则采用意译，译作了"大"呢？

　　我的这个想法在史料中得到了印证。《岛夷志略》在记述"大八丹"的开头部分说"相望数百里。田平丰稔，时雨霑渥"，结尾处说"煮海为盐"，正符合佩里耶帕蒂讷姆所在的科罗曼德尔海岸（Coromandel Coast）的情形，而以往的研究者毫无根据地认定"大八丹"是阿拉伯海沿岸的马拉巴尔海岸（Malabar Coast）的港口。马拉巴尔海岸耸立着西高止山脉，与田地连成一片、可相望数百里的情景相去甚远。而且马拉巴尔海岸的特色是椰子林，而非水田。佩里耶帕蒂讷姆的附近则是广袤盐田。

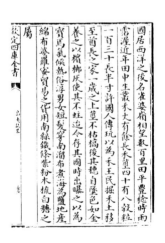

图 17 《岛夷志略》的"大八丹"条

　　不过不可思议的是，这个"大八丹"只出现在
14 世纪的《岛夷志略》中，13 世纪的《诸蕃志》和
15 世纪的《瀛涯胜览》中都没有记载。这应该是有
原因的，即佩里耶帕蒂讷姆是 14 世纪统治马杜赖
的苏丹建造并给予特别保护的港口，14 世纪之前
繁荣的港口是喀尔（Cail / Kayal，位于印度现在的
Kayalpattinam 附近），之后又有别的港口兴旺起来。

《马可·波罗游记》中的马匹贸易

　　14 世纪曾到这一带旅行的伊本·白图泰在游
记中提到过"发坦"[1] 这个海滨城市，具体指的哪个
城市众说纷纭，莫衷一是。我认为这个"发坦"就
是佩里耶帕蒂讷姆。这个问题我在这里就不深入
展开了，感兴趣的读者可去查阅相关文献资料。伊
本·白图泰的书中关于马拉巴尔海岸的班达里

1　此处参考了李光斌等人译《伊本·白图泰游记》（下册），
商务印书馆，2016 年。

港（Pandarani）是这样记述的："中国船只在此越冬。"15世纪初，随行郑和所率领的船队的马欢在《瀛涯胜览》中记载的小葛兰国（奎隆）、柯枝国（科钦）、古里国（卡利卡特）都是马拉巴尔海岸的港口。

我们的调查团在上述这些地方搜集到了13至19世纪的大量的中国瓷器残片。在班达里的小规模发掘中也发现了变形莲瓣纹青花瓷片；在奎隆海边被海浪侵蚀形成的陆地断层中，取出了14世纪宋代专供出口的龙泉青瓷残片。奎隆在宋代称"故临"，《岭外代答》中说"中国舶商欲往大食，必自故临易小舟而往"。小舟，一般指体型比中国船要小的帆船。

从中国的角度来看，13世纪至15世纪初的东西方海上交流始于与南洋关系密切的南宋（12世纪）。13世纪末元朝建立，蒙古将东亚到西亚的广大区域纳入统治范围，东西方交流的需求增加。元代并不信奉伊斯兰教，但优待伊斯兰教徒，起用了不少穆斯林成为朝廷官员，加上蒙古的内部纷争经常造成东西陆路不通，因此元代的海上活动尤为频繁。13 世纪从陆路到达中国的马可·波罗回国时就走的海路，还肩负了元朝皇帝托付的重任，护送公主阔阔真到伊利汗国成婚。

前面提到的喀尔也是马可·波罗造访过的港口城市。调查团在那里也发现了相当数量的青瓷和白瓷片，推断应该是 13 世纪的。马可·波罗在游记中关于这个港口是这样说的："喀尔是一个大城……一切来自西方如忽里模子、契斯提、亚丁和阿拉伯许多地方的船舶装载着货物与马匹，都将这个便于经商的港埠作为贸易之所。"[1] 喀尔是统治着半岛最南端、首都为马杜赖的潘地亚王国的港口，13 世纪的马匹贸易确实非常兴盛。

说来可能有些出人意料，马匹贸易的兴盛与当时印度作战的"战术"变化有关。在之前的印度，尤其是南印度，大象和步兵是军队主力。自 13 世纪穆斯林在德里建立政权，骑兵成为主力。14 世纪

1　此段引文出自梁生智译《马可·波罗游记》，中国文史出版社，1998 年。

马杜赖的苏丹能成为该地的统治者，便有赖于德里的图格鲁克王国向遥远的南印度派遣远征军，把潘地亚王国势力从马杜赖驱逐了出去。

因此，南印度的各王国都以增强骑兵力量为目的，从西亚进口大批马匹。南印度原本没有马，也不懂养马，因天气炎热暴毙的马匹多，需要不断购买。马可·波罗也曾提到波斯湾的基什岛（Kish）每年向印度出口一万匹马。香料依然是东西方贸易的主流商品。这个时代，西亚的马匹，中国的瓷器，一批批越海运送过来。

印度教徒并不将瓷器用作餐具和随葬品，所以实际上很难说瓷器对他们有多大的吸引力，这大概也是在印度没有发现13世纪前的中国瓷片的原因。但随着越来越多的穆斯林商人定居港口城市，特别是13世纪建立了穆斯林政权，情况就发生了很大变化。向马杜赖派遣远征军的图格鲁克苏丹菲鲁兹沙的德里宫殿庭院中，发现了大量精美的元青花大盘。考虑到其与马杜赖的关系，这些大盘很有可能是在佩里耶帕蒂讷姆上岸后再运到德里的。

海把人联系在一起

这个时代，不仅是商品，人也漂洋过海，就像蒙古公主阔阔真。11 至 12 世纪在南印度崛起的朱罗王朝向马来半岛派遣远征军，往中国派遣使臣，《宋史》中便记载有注辇（朱罗）国王罗茶罗乍的名字，在中国泉州发现了 13 世纪的刻着泰米尔语的石碑。石碑上的文字告诉我们，一个叫桑班达·贝鲁玛的印度人得到元朝皇帝（？）允许，在泉州建了一座湿婆庙。如果没有相当数量的印度教徒居住于此，是不

图 18 泉州发现的泰米尔语刻文

可能建庙的。在苏门答腊岛西北岸的巴鲁斯（Barus）发现了 11 世纪朱罗王朝时期的泰米尔刻文，内容是做樟脑贸易发达了的当地泰米尔商人行会建城的事。

而且，从朱罗王朝时期的海港纳格伯蒂讷姆（Nagapattinam）出土的青铜佛像座上的刻文了解到，商人行会的成员会朝拜这尊佛像，说明他们与佛教有关。《岛夷志略》中有关于"土塔"的一节，这个"土塔"即纳格伯蒂讷姆。其中写道，有个土砖建造的塔，上用汉字刻着"咸淳三年（1267年）八月，毕工"，传闻是中国人到此之后写的。[1]这座塔推定是 19 世纪中叶毁于传教士之手、被称作"China Pagoda"（中国塔）的佛塔。

根据其他伊斯兰史料的记载，13 世纪任潘地亚王国宰相之职的是波斯湾基什岛领主的弟弟。在这个时代，海洋切切实实地把东西方联系在了一

1　此处《岛夷志略》原文是：有土砖甃塔，高数丈。汉字书云：咸淳三年八月，毕工。传闻中国之人其年贩彼，为书于石以刻之，至今不磨灭焉。

起。自公元前后开始，印度就一直是连接东西方国际贸易海上网络的中心。

参考文献

三上次男《陶磁の道 —— 東西文明の接点をたずねて》岩波新書、1969

辛島昇 "中世南インドの海港ペリヤパッティナム —— 島夷誌略の大八丹とイブン＝バットゥータのファッタン"《東方学》七五（1988）

辛島昇 "十三世紀末における南インドと中国の間の交流 —— 泉州タミル語刻文と元史馬八児伝をめぐって"《榎博士頌寿記念東洋史論叢》汲古書院、1988

辛島昇 "東西文明の十字路・南インド"《ＮＨＫ海のシルクロード》三、日本放送出版協会、1988

家島彦一《海が創る文明 —— インド洋海域世界の歴史》朝日新聞社、1993

蔀勇造 "インド諸港と東西貿易"《岩波講座世界歴史6》岩波書店、1999

10／咖喱文化论

—— 南印度的统一性

如果在餐厅点咖喱

这一章来聊聊咖喱。咖喱是什么呢？回答这个问题前，先讲一个我曾听说过的故事。那是很久以前，我去位于南印度马德拉斯的日本总领事馆，一个年轻的工作人员问我："老师，印度的咖喱饭，是白的吗，是臭的吗？"我一时没明白他的意思，一番询问后，方才知道他有过如下经历。

他是从美国直接来此地赴任的，有一天，陪同一位日本议员坐车去默哈伯利布勒姆（Mahabalipuram）[1]参观了约一个小时。默哈伯利布勒姆有在海边岩石上开凿出来的石窟寺院遗迹，地方不大，但是一个绝佳的观光地，颇像日本的镰仓。参观完遗迹，议员很满意，可能也是心情轻松的缘故，提出来想品尝咖喱饭。因为来印度后他要么吃酒店的中餐，要么就吃领事馆的日本菜。年轻的工作人员有些

1　默哈伯利布勒姆：印度东南部泰米尔纳德邦的一个城镇，当地 7 至 8 世纪的印度教遗迹群被列入世界文化遗产名录。

图 19　默哈伯利布勒姆的印度教寺庙遗迹群

为难，因为他赴任以来就住在酒店，自己也没吃过咖喱。

　　不过，他不能让议员失望。他们进了附近一家餐厅，对服务员说想点 "curry and rice"（咖喱饭）。但服务员愣在那里，好像没听懂他在说什么。年轻的工作人员想是不是自己的发音不好，于是用美国式的卷舌音又重复了几遍 "curry and rice"，服务员终于一副明白了的表情，微笑着离去了。他安下心来等待，但很快就被服务员端来的东西吓了一跳。汤盘里盛着白色的像粥一样的东西。他不由问道："这是 curry 吗？"服务员脸上带着微笑，回答说："Yes！"

议员虽然满脸的不可思议，但还是舀了一勺往嘴里送，一股难闻的气味扑面而来，实在无法入口。他嫌弃地质疑道："喂，这是咖喱吗？"然后把勺子扔到了一边。两人出了餐厅，慌慌张张逃回马德拉斯，在酒店吃了一顿中餐才算缓了过来。我访问马德拉斯就在这件事发生后不久，于是便有了开头他问我的问题。

听了他的讲述，我没有立刻反应过来，想了半天，才终于知道他说的是什么。服务员端来的是凝乳饭（curd rice）。就是把凝乳和米饭，再加上豆蔻等少量香料搅拌在一起，印度人的餐桌上经常出现这道料理。在南印度，吃饭到最后一般都会把凝乳洒在米饭上吃，有点像日本的茶泡饭。也有人把它作为简单的午饭，因此在餐厅单点凝乳饭并不是什么可笑的事。工作人员说看上去像白粥，和凝乳饭的特征正好符合，而之所以难闻，是因为这种饭温热时确实会产生这种气味。

但问题是，明明点的"curry and rice"，为什么会送来"curd rice"？首先应该是发音的原因。凝乳的英语是"curd"，印度人把"r"的音发得很重，例如说"my car"的"car"时，听起来像"caru"。因此，"curd"这个词他们往往读成"curud"，年轻的工作人员用卷舌音说的"curry"，被服务员听成了"curd"。

不过，这应该不是问题的源头，因为就算服务员把curry听成了curd，但只要他知道咖喱饭是什么，就不会和凝乳饭搞混的吧。服务员并不知道咖喱饭是什么。为什么呢？因为印度根本就没有咖喱饭这个东西。那么，印度的咖喱到底是什么呢？

咖喱是什么？

近年来，印度也开始流行用咖喱粉做出来的方便型咖喱酱。传统的咖喱制作方法，是把各种生的香料一起放进石臼碾碎制成糊状。制作咖喱不可或缺的姜黄状似生姜，孜然像谷物，胡椒、香菜籽（也会使用香菜叶）和芥末籽都是颗粒状，主妇们每天就用石臼把这些和其他各种各样的香料磨成糊状，做菜时用来调味。炖菜、炒菜用咖喱，煎鱼时抹上咖喱，煎饼那样的点心也用咖喱来增味。

咖喱其实是许多香料混合在一起的调味料，就像日本料理中的酱油。了解了这一点，就可以理解那个服务员在听到"咖喱饭"时为何发怔了，因为那就好像在日本餐厅被客人要求"来一份酱油饭！"一样。印度虽然没有咖喱饭这样单点的份饭，但几乎所有的印度料理都会用咖喱来调味。那么接下来的问题是，用咖喱作调味料的烹调方法是从什么时候开始，又是如何散播到全印度的呢？

回溯历史

佛陀悟出苦行无意义后下山，途中一个叫作苏耶姐的姑娘给他端上了一碗乳糜。佛典中将其称作"帕亚萨"（梵语 Pâyasa），即乳粥，在今天的印度料理中，变身成一种用牛乳制作的甜点"帕亚萨"

（payasam）而流传了下来。佛典中还记载了一种叫作奥达拿（Odana，意为米饭）的乳粥，都和香料味很重的咖喱没什么关系。苏耶妲的故事可追溯到公元前 500 年，自那以后又过了一千多年，在恒河中游的那烂陀寺修行的中国 7 世纪的僧人玄奘与义净，分别在《大唐西域记》和《南海寄归内法传》中留下了关于印度食物的记录。

《大唐西域记》记述道："乳酪（酸奶）、膏酥（称作 Ghee 的熔化黄油）、沙糖、石蜜（冰糖）、芥子油、诸饼麨（小麦粉制品），常所膳也。"《南海寄归内法传》则有"北方足面（小麦制品），西方丰麨（炒面），摩揭陀国（恒河中游流域）面少米多。南裔东垂与摩揭陀一类。苏油（Ghee）、乳酪在处皆有"的记述。其中醒目的是乳制品和小麦 —— 以恒河的支流亚穆纳河流域为中心的北印度，现在的主食依然是以小麦为原料的薄卷饼和酥油薄饼。

据 5 世纪建立的斯里兰卡王国史《大史》所记，来自印度的开国者维杰耶刚到兰卡时，是把

"米饭和 Supa 一道吃的"。这个"Supa"与英语的
"Soup"（汤）语源相同，即把种子等切碎、捣碎
后制作成的类似酱汁的东西，不知和现在南印度
流行的汤状咖喱是否是一回事，不过根据玄奘和
义净的记述，或许多少也是接近咖喱的吧。13 世
纪的中国史料《诸蕃志》在讲到南印度王国时，说
"人多食酥酪、饭、豆、菜，少食鱼肉"；15 世纪的
《瀛涯胜览》中，关于半岛南部阿拉伯海一侧的王
国，则有"果菜之类皆有……皆用酥油拌饭而食"
的记述。这两则史料中都没有咖喱的身影，强调的
都是乳制品。

13 世纪环游印度半岛的马可·波罗也提到
斯里兰卡人的食物是乳品、大米和肉类；关于西
印度的婆罗门修行者，他记述说"惟有米与乳常
食"。14 世纪的旅行家伊本·白图泰，受到古尔
王国南部的穆斯林领主招待，他在游记中写道：
"把酥油淋在铜盘中的米饭上，加上胡椒、嫩生姜、
柠檬和芒果制作的腌菜（这个可能就是辣味咖
喱）。吃口米饭，吃一口腌菜。……接着又端上来

米饭和几样鸡肉，之后是各式鱼，也是和米饭一起吃。然后是用酥油和乳制品烹调的蔬菜，最后上的是酸奶。"遗憾的是，他没有记录这些吃起来是什么味道的。

接下来的 16 世纪，到印度旅行的欧洲人的记录中提到了味道，那是味道相当好的咖喱。16 世纪末滞留于果阿的林斯霍滕（Jan Huygen van Linschoten）这样写道："他们的鱼几乎都是和米饭一起吃。他们把鱼放进汤里煮，然后浇到饭上。味道好似加了醋栗和未熟的葡萄，酸酸的，不过很不错。"在南印度，像桑巴咖喱[1]那样把汁状的咖喱淋在米饭上是很普遍的吃法，林斯霍滕说的应该就是这种。稍晚到果阿传教的何大化（Antonio de Gouvea）神父也记载过"他们日常的吃食是米饭和各式汤，他们把汤浇在饭上吃"。

1　桑巴咖喱：桑巴（Sambar）是一种辛辣的混合香料，通常由香菜、孜然、葫芦巴籽、黑胡椒、辣椒和姜黄制成。南印度会用扁豆、秋葵等蔬菜加入罗望子和桑巴粉来制作炖菜。——编者注

咖喱的形成

那么，南印度到底是从什么时候开始吃咖喱的呢？当地的史料中关于饮食的记载出人意料地少。9世纪的石造寺庙的刻文中，记录了半岛南端的统治者潘地亚皇帝向湿婆庙布施金钱和各种供养，其中说明了献给神明的食物的制作方法与材料。素菜有生蔬菜、用罗望子调味的酸味腌菜、水煮的蔬菜和炒蔬菜这四种。另有一种叫作库托的菜品，与上述四种关系不明，是用酸奶和叫作卡亚姆的调味料制作的。而卡亚姆是用胡椒、姜黄、孜然、香菜籽与芥末这5种香料制作而成的。

制作卡亚姆的5种香料，正是制作咖喱的基本香料。当然，除此之外，一般还会添加其他一些香料，如丁香、豆蔻等。但这5种尤其重要，因为没有它们，就无法被当作咖喱了。这个9世纪的刻文说明，那个时代的南印度已经出现了和现在的咖喱基本相同的混合调料。

咖喱最终形成于连接东西方海上丝绸之路的中

心、拥有包括东南亚所产香料在内的世界性香料市场的"南印度"，并由此慢慢散播到北印度。与南印度的咖喱（香料）不同，北印度饮食的核心元素是牛乳。这与最后移居该地区的雅利安人基本上属于游牧民族有关。现在印度人吃的糕点和小吃的名称，甜的（牛乳制作）全都来源于雅利安语，辣的（咖喱调味）则全部来自达罗毗荼语。

值得关注的是，分别在南北两地各自发展起来的饮食文化，在之后的时代里都逐渐传播到了印度次大陆全境。北印度饮食的一个代表是莫卧儿宫廷菜肴。莫卧儿王朝是从 16 世纪开始，以德里 - 阿格拉为中心统治北印度的伊斯兰国家，除了穆斯林不吃的猪肉外，并不禁忌其他肉类，因此宫廷中荤菜料理发达。将鸡肉用酸奶浸泡一晚、再放进土锅中烧制而成的坦都里烤鸡（Tandoori Chicken），用酸奶炖煮羊肉的咖喱羊肉（Mutton Korma），这些特色菜肴都是让牛乳和香料共同发挥作用。北印度一般家庭中常吃的一种统称为"Sabji"的蔬菜料理也往往是用咖喱调味的。

而南印度菜肴中也多使用牛乳，前面讲到的凝乳饭就是一例。9世纪的刻文中也提到了酸奶。从马可·波罗关于婆罗门修行者的记述中也可以看到，北印度饮食进入南印度是与婆罗门文化相伴相随的。总之，在经过了一个漫长的历史时期后，香料与乳制品一起走进了印度次大陆全境的饮食中。

多样性与统一性

不难想象，印度的饮食文化丰富且多元化。以主食而言，如义净看到的那样，北印度的主食是以小麦为原料的各种饼类；南印度虽然不是全地区、全阶层都吃大米，但基本以大米为主食，并衍生出了汁状的咖喱。再看食用油，面向阿拉伯海的半岛沿海的喀拉拉地区与斯里兰卡使用椰子油，其他地区则多使用芝麻油、芥末油等，因地而异。印度饮食文化上还有一点非常重要，即有肉食与素食之分，除了耆那教徒是严格的素食者外，印度教徒也多吃素食。如果乘坐印度航空公司的航班，到了就餐时间，会被问到是素食者还是非素食者。也有人不吃鱼，是否吃鸡蛋也是个大问题。斯里兰卡的菜肴中使用一种类似日本干鲣鱼的马尔代夫鱼，是烹饪时调味的关键。

但是，展现出如此丰富多样的印度饮食文化，都是用咖喱来调味，正是咖喱将"统一性"赋予了南亚丰富多样的饮食文化。

这种统一性，我在其他章节中也已经讲到，印度有很多语言，属于不同语言系统，但在发音、语法等方面的相似性使印度的语言呈现出统一性。同样，因时代、地区、宗教等的不同而形成的内容不同的故事，被概括到一个罗摩故事中，使印度文化呈现出统一性。我们必须关注印度文化上的这种统一性。

参考文献

辛島昇 "九世紀のタミル語刻文に見るヒンドゥー寺院での供儀" 塚本啓祥教授還暦記念論文集《知の邂逅 —— 仏教と科学》佼成出版社、1993

辛島昇・辛島貴子《カレー学入門》河出文庫、1998

辛島昇 "〈インド文化〉は存在するのか" 辛島昇・高山博編《地域の成り立ち》（地域の世界史 3 ）山川出版社、2000

11／ 孟加拉画派的
绘画与日本

—— 泰戈尔与冈仓天心的交往

冈仓天心 [1] 访问加尔各答

　　20 世纪初，冈仓天心领导的日本美术院的画家们，与以阿巴宁德拉纳特·泰戈尔（Abanindranath Tagore）[2] 为中心的印度孟加拉画派的画家们有过充满理解和友情的深度交流。1898 年，被迫辞去东京美术学校校长一职的冈仓天心在根岸创建了日本美术院，3 年后的 1901 年，他访问了印度。天心借住在大名鼎鼎的诗人泰戈尔的家族中，在加尔各答度过了近一年时光。这期间，他与不少人结下了深厚友情。其中有著名的印度教哲学家辩喜，但他们的友谊因辩喜的早逝而过早结束了。

　　天心死于 1913 年，年仅 50 岁。因此无论哪段

1　冈仓天心：1863—1913 年，日本明治时期著名的美术家、美术评论家，日本近代文明启蒙期的重要人物之一。

2　阿巴宁德拉纳特·泰戈尔：1871—1951 年，这并非我们熟悉的那个诗人泰戈尔，而是诗人泰戈尔的侄子，印度的著名画家，他的艺术理念和行动与印度独立运动结合在一起，促进了现代印度绘画的发展。

真挚的友情，维持的时间都不长。但他与泰戈尔一家的交往结出了真正的果实。其中一个原因自然是他和诗人泰戈尔都在彼此身上发现了精神的契合。但同时，还源于他们各自身处的历史环境，在政治层面上有一条联结日本与印度知识分子的纽带，在美术方面，也有联结他们的共通情形。因此，不仅是天心，他的弟子菱田春草、横山大观，以及荒井宽方等一批杰出的画家都与印度有过深度交往。

1901 年是中日甲午战争和日俄战争的中间时期，也是日本倾全力赶超欧美的时期。印度在 1885 年召开了第一次国民大会，1905 年以孟加拉分治为契机，民族独立的呼声日益高涨。加尔各答是当时印度的首都，是所有先进运动的前沿阵地，宗教社会改革运动梵社（Brahmo Samaj）也是从这里开始的，诗人泰戈尔的父亲是这场运动的核心人物。孟加拉最大的富商泰戈尔家族产出了不少头脑与艺术才华兼备的人才，位于乔拉桑戈（Jorasanko）的泰戈尔故居曾是孟加拉文艺复兴的中枢之地，洋溢着热情。

天心携带着以名言"亚洲一体"开头的《东洋的理想》草稿所抵达的目的地，正是这样一个政治独立运动与文艺复兴运动纵横交错的加尔各答，他借住在泰戈尔家中。他与这里产生深深的共鸣是理所当然的走向。他与那些秘密结社、为独立而战的孟加拉年轻人之间，有怎样的关系，这种关系又到了何种程度，是今后的研究课题。现有的研究已经明确他的存在激励了那些年轻人。下面来看看他们在美术方面的关系。

横山大观、菱田春草在印度

天心反对为单纯模仿而引入西洋画教育，主张发展日本传统，在传统的基础上创造出新的美术，并以此为宗旨创办了日本美术院。同样，泰戈尔家族的成员们也反对在西方强加的影响下模仿西方，主张扎根于印度传统文化，创造出新的文学和艺术。天心与泰戈尔家族成员们十分自然地就认识到彼此在艺术领域的追求是一致的。

在莫卧儿王朝统治时期，印度受波斯绘画的影响，形成了全新的细密画传统。但在之后的战乱与英国统治期间，艺术的内在创新完全消失了。19 世纪后半期，英国在加尔各答、马德拉斯等殖民据点开设了美术学校，但教授的是英式写实油画技法。一直以来，统治印度的官员或总督们都雇西洋画家为自己画肖像，印度的藩王们也纷纷模仿，聘请专用画师。这些画师中不是没有优秀者，但大多就是单纯的肖像画家。

在这种情形下，诗人泰戈尔的侄子阿巴宁德拉纳特·泰戈尔摸索出一种不同于英国绘画、把传统与创新相融合的新的绘画方式。他曾在梵语学校学习，自小便展示出绘画与音乐才能。他开始尝试用自己的风格表现传统题材。幸运的是，他破例得到了当时加尔各答的美术学校校长哈维尔（E. B. Havell）的帮助，这位校长是印度传统美术的认同者。阿巴宁德拉纳特没有上过美术学校，但他自学水彩画、色粉画，开拓出了一条自己的道路，身边聚集起一批才华横溢的年轻人。

很快在 1907 年，他设立了印度东洋美术协会，这得益于几年前他与天心的相识。天心遇到阿巴宁德拉纳特，立刻认识到双方所处的情形相同，为了帮助他，也为了向其学习印度传统美术，1903 年天心把自己在日本美术院的两位弟子横山大观和菱田春草送到了印度。两人的直接目的本是前往阿萨姆地区的特里普拉（Tripura）的王宫画壁画，但遭到英国政府的怀疑和妨碍而未能成行，只好一直待在加尔各答。

春草和大观滞留加尔各答，对日本和印度的画坛交流是件幸事，但本指望着王宫酬金的两人一下子资斧困竭。在泰戈尔家的安排下，两人把画作拿到展览会上售卖。其中大部分画作实际上都是泰戈尔家买走的，后来又被一位日本人买下，送还了日本。但是非常遗憾，这些画作在马上要被东京帝室博物馆（东京国立博物馆的旧称）收藏时，烧毁于关东大地震中。

春草笔下的湿婆与帕尔瓦蒂

不过，春草和大观的画作还有几幅至今仍保留在印度。我曾在德里观赏过春草的画作，不是他在展览会上卖出的，而是他在加尔各答画的湿婆神。已故印度知名陶艺家葛莉·克斯拉女士的祖父 J. P. 甘古利（Jamini Prakash Gangooly）是诗人泰戈尔的外甥，当时刚从美术学校毕业，是一位肖像画家。据说春草经常会去找他玩，在他家作画。一天，春草想画印度的传说，甘古利就给他讲了一个故事，是说山的女儿帕尔瓦蒂向冥想中的湿婆神献花，湿婆突然睁开双眼，被帕尔瓦蒂的美貌所吸引，然后动了真心和她成婚。春草大为感动，一气呵成作了一幅画送给了甘古利。

克斯拉女士一直珍藏着她祖父传下来的这幅画，我有幸一睹。这是一幅绢布画。画面上，仿佛在云雾中飞翔的帕尔瓦蒂，将鲜花献给在岩石上坐禅冥想的湿婆，花瓣轻舞，美妙动人。但是，我所看到的这幅画作，其下面一部分在克斯拉女士出生前就被裁掉了。也就是说，原作要更长一些，为了让长度适合挂在墙上，就用工具把下面裁掉了。画上没有春草的落款，应该也是这个原因。

春草一气呵成此画的逸事和这幅画作本身的出色，都雄辩地说明了春草、大观与印度画家们的交往有多么亲密。阿巴宁德拉纳特在随想集《乔拉桑格一带》中，这样描写春草和大观："外国（日本）的艺术家与这个国家的艺术家之间没有任何不同——我们之间建立了深厚的友情。"他还说："与大块头的大观相反，春草是小个子，怎么看都像一个少女，我们时常调侃他是大观夫人。"

荒井宽方与南德拉尔·博斯

这种毫无矫揉造作的深厚友情，还见于深受日本美术院影响的荒井宽方与阿巴宁德拉纳特的弟子南德拉尔·博斯（Nandalal Bose）之间。天心死后的1916年，诗人泰戈尔在去美国途中首次访日，在横滨停留了数月。其间，因喜爱下村观

山[1]的作品，他热切希望日本画家能给他临摹一套
与实物大小一样的观山代表作——六面屏风《弱
法师》。被选中来临摹的正是年轻的荒井宽方。
宽方作画时，诗人常去现场观摩。他由衷佩服日
本画的精妙技法，同时很欣赏宽方的人品，不仅把
宽方仿作的屏风送到了加尔各答，还邀请宽方到
印度担任绘画指导。

　　对印度颇为向往的宽方在印度精力充沛地教授
水墨画、日本画，同时积极地学习印度绘画。他不
愧是诗人所欣赏的人，与谁都能和谐相处，还很快
喜欢上了印度饮食。大观和春草好像也是如此，他
们经常外出写生，对印度的花草树木和印度人的日
常生活都表现出了极大兴趣。泰戈尔家把宽方安置
在宅邸内新建的比希特拉馆，本是为方便起见，但
正是在那里，宽方与阿巴宁德拉纳特的高足南德拉
尔·博斯结成了亲密的朋友。

---

1 下村观山：1873—1930 年，日本画家。参与创立日本美
术院，与菱田春草、横山大观等致力于新日本画运动。

博斯时任诗人泰戈尔在寂乡（Santiniketan）创建的学院，也就是后来的维斯瓦－巴拉蒂（Visva-Bharati）大学美术系主任，非常活跃。他与宽方基本同年，宽方也在那所学院授课，两人经常见面，建立起深厚友情。诗人泰戈尔第二次访日时（1924 年），博斯是随行人员之一，他单独住在了宽方的家中。除了大观、春草、宽方，那个时代访问印度的日本画家出乎意料地多，他们各自以自己的方式对印度产生了影响，同时也接受了印度的影响。宽方在印度待了 3 年，他的技术、人品和勤奋确实给印度画坛带来了相当大的影响。

诗人泰戈尔在赠与宽方的送别诗中，吟唱了他们之间的深情厚谊：

赠荒井宽方氏

亲爱的朋友啊

那天，你是客人

来到我的家

今天，离别时

你已住在我心里

天心的死与孟加拉画派

话题回到冈仓天心。把大观和春草送往印度的第二年，应波士顿美术馆的邀请，天心出任中国·日本美术部顾问，经常穿梭于美国、日本、中国之间。停留美国期间出版的《茶之书》引起了巨大反响。1912 年，他再次访问加尔各答后返回波士顿，因糖尿病恶化，次年回到日本。未到半年时间，天心在人们的惋惜声中病逝于赤仓的山庄，年仅 50 岁。

再度访问加尔各答时，天心结识了年轻时丧夫的孟加拉闺秀诗人普里亚姆瓦达·黛维（Priyamvada Devi）。或许是心境有着相似的落寞，两人在美国和印度常有鸿雁传书，天心回国后，日本与印度之间也是书信频繁。两人的心意相投是天心与印度关系的一个美好收尾，详情可参看大冈信氏的著作。这里我想谈谈孟加拉画派在印度近代绘画史上的位置。

如何定义孟加拉画派，谁是这个画派的画家，不是太容易说清楚的。来看看聚集在阿巴宁德拉纳特周围的画家们吧。南德拉尔·博斯是他的第一高足，还有穆库尔·迪伊、吉斯丁德拉纳特、马宗达、比诺达·比哈里·穆克吉、D. P. 雷乔杜里、阿希德·哈尔达尔、萨玛连德拉纳特·古普特、A. R. 丘泰、K. 本卡特帕等人。另外，阿巴宁德拉纳特的哥哥加加尼德拉纳特·泰戈尔也在他们的文艺复兴运动中发挥了重要作用。

他们的运动总体上得益于领导者阿巴宁德拉纳特的个人资质和不懈尝试。阿巴宁德拉纳特的现代绘画创新，并没有完全脱离印度的绘画传统，在多方面做了积极探索。第一是空间处理，古代壁画或莫卧儿细密画等传统绘画的特点是把空间填满，他有意识地采用空间减法，这方面可以看到日本画和中国画的影响；第二是创造出水洗画法，即把画在西洋纸上的水彩画浸水使之晕染，待干后再描绘，可如此多次重复。据说是大观他们作日本画时用笔饱含水分给了他启发。

虽然不是所有孟加拉画派的绘画都采用了上述手法，但这两种手法形成了孟加拉画派的重要特征。具体地说，这两种手法继承了印度绘画的传统（例如神话主题的共通性），又突出了画家的主观个性，使绘画的情感表达成为可能。许多批评家都从中看到了孟加拉派的现代性。不过，要说哪个人或者哪个画派有资格称为印度现代绘画之父，意见多有分歧。

绘画的现代化·印度与日本

除了阿巴宁德拉纳特，批评家们还列出了他的高足南德拉尔·博斯，出身于喀拉拉王族、很早便掌握了油画技法的瓦尔马（Raja Ravi Varma），是著名诗人也是画家的泰戈尔，母亲是南斯拉夫人、在巴黎学画、如彗星划过印度画坛般英年早逝的阿姆丽塔·谢尔吉尔（Amrita Sher-Gil）等人。瓦尔马确实习得了完整的油画技法，构图能力很强，画面写实，是当今流行的神和神话主题宣传画的元祖，肖像画中也有相当优秀的作品，但如果说他是现代绘画之父，他还欠缺了现代性。

诗人泰戈尔 60 岁后开始画画，留下了不少作品。他的画自成一格，创造了一个具有抽象性和哲学色彩的独特世界，虽然具有很强的现代性，但未免过于独特，在影响力方面存在疑问。谢尔吉尔虽然有印度血统，但她以外部视线去发现印度，很难说她的画继承了印度绘画传统、开辟了新世界，论其影响力，比诗人泰戈尔还要小。如此看来，阿巴宁德拉纳特和他的弟子们发挥的作用要大得多。

不过，这些弟子的画多流于个人趣味，只为藩王等少数上流社会的人所喜，很快便被淡忘了。他们中的多数人，都缺乏阿巴宁德拉纳特那样与生俱来的细腻和革新，陷入对老师的模仿和颓废主义。在这方面，南德拉尔·博斯能力非凡，他具有老师缺乏的大众性，例如为国民大会党制作宣传画。从这些方面来看，我认为阿巴宁德拉纳特和博斯师徒二人是印度现代绘画的开拓者。

而且，他们二人与冈仓天心及他的弟子们心意相通，并建立了深厚友情。日本美术院为日本现代美术创新所发挥的作用，与孟加拉画派为印度现代美术的确立所发挥的作用，完美地重合在了一起。在当时，西方入侵迫使亚洲进行的"现代化"摸索作为亚洲的历史状况，把天心和阿巴宁德拉纳特们牢牢地联系在了一起。

参考文献

Rabindranath Tagore, *The Crescent Moon*, MacMillan, London, 1920

Abanindranath Thakur, *Bagesvari Silpo Prabandhavali*, Rupa, Calcutta, 1962/63

Jaya Appasamy, *Abanindranath Tagore and the Art of His Times*, Lalit Kala Akademi, New Delhi, 1968

我妻和男"ベンガル・ルネッサンス考"《三彩》二七五（1971）

野中退蔵《荒井寛方　人と作品》中央公論美術出版、1974

大岡信《岡倉天心》（朝日評伝選 4）朝日新聞社、1975

横山大観《大観自伝》講談社学術文庫、1981

大岡信編訳《宝石の声なる人に−−プリヤンバダ・デーヴィーと岡倉覚三・愛の手紙》平凡社、1982

勅使河原純《菱田春草とその時代》六藝書房、1982

色川大吉編《岡倉天心》(日本の名著 39) 中央公論社、1970

臼田雅之 "天心岡倉覚三とベンガルの人々"《国際交流の歴史と現在−−現代文明論講義より》東海大学出版会、1988

12/ 电影中的印度社会

—— 电影与政治的关系

萨蒂亚吉特·雷伊的《大地之歌》

这一章来谈谈印度电影产业的发达、电影与政治的关系，以及电影中反映的社会问题。大约从 1997 年开始，日本掀起了一股印度电影热，一般的印度电影开始在影院公映。虽然夹杂着《爱经》（Kama Sutra）这种极少数的以性爱秘籍为主题的电影，但更多的是深刻揭示印度社会问题的社会派电影，像反映印度教徒与穆斯林宗教对立的《孟买之恋》（Bombay），讲述过去的贱民和上位种姓间对立的《英迪拉》（Indira）等。更让人惊奇的是，《变身绅士》（Raju Ban Gaya Gentleman）、《舞蹈王子》（Muthu）这种载歌载舞、能长达三小时的印度式歌舞片也在日本上映了。

过去很长一段时间里，在东京岩波影院上映的印度电影唯有导演萨蒂亚吉特·雷伊（Satyajit Ray）的作品，自拍摄《大地之歌》（Pather Panchali）后，他在日本拥有了众多粉丝。上面提到的新电影我们后面再来谈，这里先回顾一下 1992 年去世的这位大导演的作品。1955 年开拍的"阿普三部曲"——《大地之歌》《大河之歌》(*Aparajito*)与《大树之歌》(*Apur Sansar*),以阿普为主人公,展现了在孟加拉农村与都市的贫困中艰难求生的人们,让雷伊一举成名,在戛纳和威尼斯电影节上熠熠闪光。

《大地之歌》讲述了居住在孟加拉农村的没落贫穷的婆罗门一家的生活。简陋的房屋里住着有一双漂亮黑眸的少年阿普和他的姐姐、父母以及姑

图 20 《大地之歌》《大河之歌》《大树之歌》的剧照

婆。父亲在时代的变换中失去了田地，给地主做会计的活儿，梦想着有朝一日成为一个剧作家。在黑白画面呈现的孟加拉的美丽风景中，影片淡淡地讲述了这个贫穷人家的日常生活。姑婆与姐姐的相继离世击垮了父亲，他决定卖掉房屋到大城市去。阿普的人生从此开始，长大后成了孟加拉的一名知识分子。"阿普三部曲"在新现实主义浪潮中，透过阿普的双眸拷问着人生存的真正意义。

雷伊的电影在印度本土的票房并不成功。被称作"印度黑泽明"的他，绝非只拍现实主义影片，他的电影还展现出高度的文学性、历史性和娱乐性。《孤独的妻子》（*Charulata*）以诗人泰戈尔的作品为蓝本，描写了19世纪末一位才华横溢的年轻妻子的朦胧爱情；《遥远的雷声》（*Ashani Sanket*）以第二次世界大战时的孟加拉大饥荒为题材，探讨了加尔各答被日军入侵所导致的大米紧缺情况下的人性问题；《下棋者》（*Shatranj Ke Khilari*）讲述了1856年被英国吞并前夜仍沉迷下棋的阿瓦德王国贵族的生活，对比地展现了没落王国的悲哀和英国

的丑陋。这样的作品不胜枚举。雷伊导演在历史大
变动中捕捉人性，又在平淡的日常生活中将其娓娓
道来，让我们感受到他那诗人般清澈的目光。

巴尔吉的电影制作

不过雷伊的作品在印度电影界是非常小众的，
印度的主流电影是一个完全不同的世界。世界电
影的发端，是 1895 年 12 月卢米埃尔兄弟在巴黎用
他们发明的放映机播放的电影。仅 6 个月后，印度
孟买也上映了该片。接着，法国、美国等各国电影
开始在印度上映。1910 年，印度人巴尔吉（D. G.
Phalke）在孟买观看了电影《基督的一生》，深受
感动，开始自己拍摄电影。他想制作一部神话题材
的影片，但为女演员的事费了不少心神。当时女演
员被视作娼妇，没人愿意出演。根据《摩诃婆罗
多》改编的第一部电影《哈里什昌德拉国王》（*Raja
Harishchandra*，1913 年）中的女性角色最终是由
男性来扮演的。

默片时代的电影特征是一部电影制作完毕可以在任何一个地方上映，考虑到地区不同，一般会附上用三四种语言制作的字幕。即便没有字幕，只要有解说员按照印刷好的字幕卡来读，就可以上映。这个时代是美国电影的全盛期。但是到了有声电影时代，泰米尔语的电影在马德拉斯拍摄，孟买不再是唯一的中心，地方上的电影产业快速发展。现在印度一年拍摄800部电影，位居世界第一，秘密就在于各个地区的电影制作。美国电影在这方面也只能望尘莫及，其基础就是在有声电影出现的1930年代初奠定的。

进入有声电影时代，印度电影发生了更大的变化，即台词与歌舞自然切换的古典戏剧形式被引进到电影中。换言之，诞生了载歌载舞的歌舞片，并且直到今天，印度电影的主流都是歌舞片，而非萨蒂亚吉特·雷伊的电影。一般一部歌舞片电影中插入十几首歌曲，边唱边跳，但在有声电影初期，有的电影中加入的歌曲多达70首。最初演唱与舞蹈主要由舞台剧出身的演员担纲，但这种能歌善舞的演员实在不好找，从1940年代开始采用由专门的歌手演唱，再配到演员表演上的伴唱方式。这些歌经收音机、唱片、电视的传播成为风靡一时的流行歌曲。今天仍占据电影伴唱歌后宝座的拉塔·曼吉茜卡 [1]（Lata Mangeshkar）就是在 1942 年出道的。

DMK 与泰米尔纳德邦的电影产业

这一节换个话题，来谈谈自 1950 年代开始南印度电影产业与政治的联姻，主要指的是以泰米尔纳德邦为中心的达罗毗荼运动和电影的关系。在第 2 章我们讲过，达罗毗荼运动是从旨在消除最上位种姓婆罗门对非婆罗门的社会压榨的"非婆罗门运动"发展而来的，其开端是 1916 年的《非婆罗门宣言》。争夺种姓话语权的"非婆罗门运动"，因 1937 年马德拉斯邦政府的印地语教育推行政策，演变成了非婆罗门的达罗毗荼民族对北印度以婆罗门为中心的雅利安民族的斗争。

1　已于 2022 年 2 月 6 日去世。——编者注

在这股潮流中，于1949年组建了达罗毗荼进步联盟（DMK）的安纳杜拉伊是剧作家和电影编剧。党内的实权者卡鲁纳尼迪（M. Karunanidhi）也是编剧，他们都把电影作为宣传社会批判的手段。虽然电影的内容大都是劝善惩恶类的，但他们在其中加入了押韵的泰米尔语对话，作为社会批判性的演讲。他们起用年轻的拉马钱德兰（M. G. Ramachandran，通称MGR）担任主演，MGR成名后，自己也加入了DMK。MGR以及其他许多明星令政治集会的参加人数大大增加了。

MGR后来成为泰米尔纳德邦的首席部长。在电影中他是浪漫的主人公，也是反抗上层种姓和压迫者的人。他和剥夺佃农土地的地主、对穷人吝啬苛刻的高利贷者、使农村少女怀孕又弃她而去的城市人等压迫者进行斗争，拯救那些被压迫的弱者。他饰演的角色乐善好施，为女性的教育和地位而奔走，因此魅力无敌。

作为政治家，他在生活中也经常向穷人伸出援手，帮助那些无法接受教育的儿童，把政治家的形象与电影中的形象结合了起来。在他饰演拯救者的电影最后，他甚至会从角色变回本人发表政治声明。MGR 在选举中也显示出了压倒性的强势，这是他巧妙地利用粉丝团的结果。粉丝团不单是粉丝聚集的团体，他们为了提升 MGR 的形象，会自发开展各种社会公益活动，是作为政治家 MGR 的相当灵活有效的行动部队。

就这样，从编剧到演员，DMK 构建了一条龙式的电影生产线，成为 20 世纪 50 至 60 年代泰米尔电影界的老大，甚至形成了"只有 DMK 的电影才是电影"的局面。这个时期，安纳杜拉伊使 DMK 的力量快速增强，又借 1965 年印地语推行问题推波助澜，最终赢得 1967 年的选举，成为马德拉斯的首席部长。这与其说是达罗毗荼运动的胜利，不如说是泰米尔民族主义的胜利。两年后安纳杜拉伊病逝。

在 1971 年的选举中胜出的是卡鲁纳尼迪。但 1977 年的选举，是组建了与卡鲁纳尼迪对立的新政党的 MGR 夺得了胜利，他自认为是安纳杜拉伊的后继者。到 1988 年病逝前，MGR 都维持了连任，之后接替他的是他的妻子、曾经也是电影女主角的加纳基（V. N. Janaki）。但由于其内阁没有得到议会的认可，很快被 MGR 的情人、同样是女演员的加亚拉丽塔（C. J. Jayalalitha）取代。加亚拉丽塔的钱权政治遭到抨击，1996 年卡鲁纳尼迪再次出任首席部长。可以看到，自 1967 年安纳杜拉伊之后，历届的首席部长都与电影有关，说明在泰米尔纳德邦电影与政治的联系曾经是多么紧密。

印度电影的新浪潮

再回到与印度电影发展相关的话题。1970 年代的主流是彩色电影，印度制作了大量歌舞娱乐片。改编自美国西部片《豪勇七蛟龙》（*The Magnificent Seven*，1960）的印地语电影《复仇的火焰》（*Sholay*，1975）成为当年大热门。差不多同时的 1974 年，印地语电影《籽苗》（*Ankur*）也获得票房成功，不添加歌舞元素的严肃电影开始引起人们的关注，被称作印度新电影。但是，1970 年代电视普及前，盗版录像带受到追捧，到了 80 年代，由于电视机尤其是彩色电视机的普及，电视成为最受大众欢迎的媒体，让印度电影进入了步履维艰的时期。进入 90 年代后，为与各个方面开展的印度文化一体化运动相呼应，泰米尔语电影推出印地语配音版，大受欢迎，打开了新局面。印度电影一直在探寻与电视的共生方式，今天仍然十分活跃，并不断地掀起新的浪潮。

最近的泰米尔电影便呈现出新的倾向。下面来介绍一下曼尼·拉特纳姆（Mani Ratnam）、苏哈西尼（Suhasini）夫妇的作品。先来看看苏哈西尼导演的《英迪拉》。苏哈西尼是泰米尔电影界一位著名男演员的女儿，她自己也曾是一名演员，获得过最佳女主角奖。与曼尼·拉特纳姆导演结婚后生下一子，开始转行做导演，第一部作品就是《英迪拉》（1995）。苏哈西尼做演员前曾在马德拉斯学习过摄影，做过导演助手，因此她的第一部影片就引起了很多讨论。

图 21 《英迪拉》的宣传海报与苏哈西尼导演

　　《英迪拉》的故事是这样的：河边的村子存在种姓歧视，一些村民逃到河对岸建了一个新村子，双方纷争不断。英迪拉的父亲是新村子的领袖，深受大家仰慕，母亲温柔贤淑。大学毕业后英迪拉取得律师资格，订了婚，过着幸福的生活，然而变故发生了。两个村子的争斗一直没有间断，原来村子的一个小伙子与新村子的姑娘私奔了，再次激化了两村的矛盾。为达成和解，英迪拉要被迫嫁给原来村子村长的儿子。虽然这桩婚姻得以避免，但双方的对立加深，英迪拉的父亲被暗杀了。悲痛万分的英迪拉决心继承父亲遗志，让两个村子实现和平。站出来帮助她的不仅有她的未婚夫，还有村民们。

这部影片的主题是种姓歧视和女性歧视。这两种歧视，就像在其他章节讲过的，实际上是分不开的。苏哈西尼让女性成为主人公，与两种歧视战斗并获得胜利。她认为，女性不像男性那样会轻易动摇，如果年轻女性成为领导者，她会通过坚持不懈的战斗去改变社会。片中虽然也加入了歌舞，但它把通向新社会的希望寄托在年轻女性身上，是让人耳目一新的泰米尔电影。

她的丈夫曼尼·拉特纳姆的影片《孟买之恋》（1995），通过讲述从乡下私奔到孟买的一对年轻人的生活，展现了印度教徒与穆斯林的宗教对立。故事发生在南印度一个不知名的村庄，以成为新闻记者为志向而前往孟买的青年谢卡尔回村里来了。他和穆斯林瓦匠的女儿夏伊拉·巴努相爱。谢卡尔的父亲是印度教徒，他愤怒地告诉儿子："你要是和穆斯林的女儿结婚，我就同你断绝关系。"谢卡尔只好返回孟买。他每天都给巴努写信，信件被巴努父亲发现，他大发雷霆，决定要赶快找个合适的人把女儿嫁出去。一筹莫展的巴努离家逃到了孟买，她和谢卡尔结了婚，生下一对双胞胎，谢卡尔也实现了自己的记者梦。

两人幸福地生活了6年。而在他们的家乡，双方父母之间的矛盾一直没有停止，也都不肯原谅他们。这时发生了阿约提亚事件。印度教徒与穆斯林之间爆发严重冲突，引发了孟买暴乱。担心自己孩子的双方父母都来到孟买，在谢卡尔家意外相遇，很快握手言和。但是，暴乱日益激化，谢卡尔的家被烧毁了。逃亡途中，谢卡尔夫妇与孩子走失，两人疯了一样在动乱的街上寻找孩子。谢卡尔劝说参加暴乱的同事，人们也纷纷站出来阻止暴乱。这时，谢卡尔夫妇与儿子们重逢了。

这部影片真实再现了阿约提亚事件引发的印度教徒与穆斯林的对立和骚乱，据说在拍摄过程中遇到了各种阻碍。为了通过审查，导演曼尼·拉特纳姆不得不做了一些修改，但他义无反顾地把电影拍完，可以说是坚守了印度电影的良知。影片反映的是严肃的社会问题，但加入了传统的歌舞元素，在票房上也取得了成功，与《英迪拉》一道掀起了印度电影的新浪潮。

对苏哈西尼导演的采访

为制作影像教材，我曾在金奈（马德拉斯）采访过苏哈西尼导演，她说了一段非常有意思的话，特附记在此。她说："在印度，对普通人来说，演员是极为亲近的人，有了什么难事，比起找亲戚商量，人们更愿意向演员求助。"她自己的家就常有求助者造访，而演员也会理所当然地给予他们关照。我曾对 MGR 的演员形象与生活形象相重叠，获得了超高人气这一点，感到非常不解。苏哈西尼导演的话给了我一些启发，她让我意识到在泰米尔纳德邦的文化、社会心理背景下，这种情况的确是有可能发生的。

参考文献

辛島昇 "民族とカースト —— 南インドにおけるドラヴィダ運動を例として" 川田順造・福井勝義編《民族とは何か》岩波書店、1988

松岡環《アジア・映画の都 —— 香港　インド・ムービーロード》めこん、1997

M. S. S. Pandian, *The Image Trap: M. G. Ramachandran in Film and Politics*, Sage Publications, New Delhi, 1992

K. Mohandas, *MGR:The Man and the Myth*, Panther Publishers, Bangalore, 1992

B. D. Garga, *So Many Cinemas: The motion Picture in India*, Eminence Designs, Mumbai, 1996

《インド —— 魅惑わくわく亜大陸》（ワールド・カルチャーガイド 9 ）トラベルジャーナル、1999

13/ 蒂普苏丹的理想

—— 与英国的战斗

被吞并的王国

这一章来看看 18 世纪末率领迈索尔王国（Kingdom of Mysore）英勇反抗英国侵略，最后战死于都城塞林伽巴丹（Shrirangapattana）的蒂普苏丹的生涯和壮举。并尝试探讨 18 世纪后，南印度的统治者们在面对西方列强赤裸裸的侵略意图，而非以往的通商关系时，是如何应对，又是如何构想自己王国的未来的。

印度著名导演萨蒂亚吉特·雷伊有一部电影叫作《下棋者》，改编自普列姆昌德（Premchand）的小说，背景正是 19 世纪中叶英国对印度自治王国的吞并。影片描述了面对在印度土邦本没有任何权限的英国一再单方面发难要吞并自己的王国，却束手无策、沉浸于宫廷丝竹歌赋的国王，与曾是骁勇善战的武将后裔、现在却沉迷下棋的贵族，在与英国傲慢丑陋的对比叙事中，呈现出的一种毁灭前的哀伤之美。

印度完全沦为英国殖民地、各地起义频发的 19

世纪中叶，与蒂普苏丹生活的 18 世纪后期的历史状况完全不同，影片中的阿瓦德国王与蒂普苏丹也截然不同。1815 年，在一场"战斗"之后，斯里兰卡的康提王国被英国吞并了。但实际上没有什么战斗，本应为王国而战的贵族们背叛了国王，与英国串通，为英军打开了城门。逃到森林中的国王在三天后与王妃一起被抓获时，他的王国已经被贵族们转让给了英国。

沦为殖民地的过程

在进入蒂普苏丹的话题前，先来谈谈卡纳蒂克战争（Carnatic Wars），即 18 世纪中叶英国和法国在南印度东南海岸平原进行的三次殖民战争，印度当地诸侯势力均被卷入其中。1639 年，英国东印度公司从毗奢耶那伽罗王国的纳亚卡手中夺取了马德拉斯，法国比英国起步晚，1673 年夺得本地治里。两国在当地设立商馆、修建要塞，使之发展成了本国在印度的重要据点。

　　而印度当地的情况是这样的：17世纪中叶，毗奢耶那伽罗王国被比贾布尔（Bijapur）和戈尔孔达（Golkonda）所灭，不久这两个王国又被莫卧儿帝国覆灭，莫卧儿的统治扩大到东南海岸平原，即卡纳蒂克地区。德干地区的总督（Subahdar）于1724年在海得拉巴（Hyderabad）自立为王，号为尼扎姆（Nizam）；而在卡纳蒂克地区，莫卧儿皇帝的臣下纳瓦卜[1]在阿尔果德（Arcot）筑城，建立了地方势力。他们两方反目为仇。不仅如此，卡纳蒂克地区还有毗奢耶那伽罗王国时期遗留的其他地方诸侯，马杜赖有纳亚卡政权；在坦贾武尔，马拉塔（Maratha）消灭了当地的纳亚卡，建立了新的王朝。

　　卡纳蒂克战争就是在这样的情势下发生的。本是英法两国对东印度贸易权的争夺战，但1740年欧洲爆发的奥地利王位继承战争，使英法两国成为敌对双方，战火燃及印度。1746年，法国军队攻占马德拉斯。1748年，随着欧洲战争的结束，英法在印

1　纳瓦卜：Nawab，莫卧儿帝国穆斯林地方长官的一种称号。

杜兰尼王朝

印度河

莫卧儿帝国
巴尼伯德
德里

拉吉普特诸侯

阿瓦德

恒河 比哈尔

布克萨尔

普拉西
加尔各答
达卡
孟加拉

马拉塔王国

孟买

奥里萨

孟加拉湾

海得拉巴

果阿
（葡萄牙属地）

迈索尔王国
默吉利伯德讷姆

阿尔果利
卡纳蒂克
马德拉斯
本地治里
纳格伯蒂讷姆
迈贾武尔

卡利卡特

蒂鲁吉拉伯利
特拉凡哥尔王国
马杜赖

GS 京（2023）3698 号

图 22　18 世纪中叶的印度

度的冲突也暂时停下，马德拉斯回到英国人手中。
此时纳瓦卜只是做出了支持英国的姿态。但 1750
年，本地治里总督迪普莱克斯（Dupleix）利用德干
与卡蒂纳克的内讧，站队支持其中一方，英国支持
另一方，从而把当地势力卷入了其中。战争一度出
现胶着，不愿拖延太久的法国于 1754 年把迪普莱
克斯召回国内，英法双方缔结和平协议。法国虽失

去了在卡纳蒂克的利益，但与尼扎姆建立了友好关系，得到了安得拉海岸的利益。

第三次战争开始于1758年，与欧洲爆发的七年战争相联动。海军力量薄弱的法国处于劣势，于1761年失去本地治里，战争结束。不过1763年欧洲恢复和平，本地治里又归还给了法国。从上可知，这场战争基本上就是英法两国对印度的争夺战。但是它把印度当地诸侯势力卷入其中，而且在战争的过程中，向他们证明了欧洲训练的军队的强大以及大炮等现代军事装备的先进。战争期间，在孟加拉也发生了两次重要的战役，即1757年的普拉西战役（Battle of Plassey）和1764年的布克萨尔战役（Battle of Buxar）。

莫卧儿帝国将孟加拉委任给纳瓦卜统治。英国在卡纳蒂克开设商馆、修筑要塞以扩大贸易，因通关税收的支付常与纳瓦卜发生冲突。1756年双方矛盾激化，次年在卡纳蒂克北方的普拉西发生决战。纳瓦卜一方在人数上占绝对优势，但英国与当地商人结盟，使掌握实权的贵族背叛了纳瓦卜。其结果是纳瓦卜方大败，背叛者米尔·贾法尔（Mir Jafar）坐上了纳瓦卜宝座。但英国逼他退位，让米尔·卡西姆（Mir Qasim）接替。但新的纳瓦卜不听话，英国再次让米尔·贾法尔当上纳瓦卜。就这样英国为所欲为地重复着这种操作，孟加拉经济陷入了混乱。米尔·卡西姆对英国不满，集结势力，与其他王国的纳瓦卜以及莫卧儿皇帝组成联军，于1764年在布克萨尔与英国决战。卡西姆战败，莫卧儿皇帝投降英国。

普拉西战役的英军将领克莱武（Robert Clive）在1765年当上孟加拉总督，他迫使莫卧儿皇帝割让了孟加拉、比哈尔、奥里萨的征税权，英国由此获得了在当地的实际统治权，在英国东印度公司支配下，由印度人负责征税和其他任务，由此开始了"双重统治"。这是英国对印度殖民统治的第一步，不久，南印度爆发了迈索尔战争。

海德尔·阿里的崛起和迈索尔战争

迈索尔王国位于德干高原西南部，这片土地自毗奢耶那伽罗时代始基本上就由世袭的瓦迪亚尔

（Wadiyar）王朝统治着，都城在高韦里河上游的塞林伽巴丹岛上。毗奢耶那伽罗王国灭亡后，迈索尔崛起成为南印度强有力的地方势力，与卡纳蒂克地区的各纳亚卡、纳瓦卜以及海得拉巴的尼扎姆各据一方。蒂普苏丹的父亲海德尔·阿里（Hyder Ali）原是这个王国的武将，据说他们的先祖是苏菲派的修行者，一家辗转各地，后来海德尔成为迈索尔王国的一个骑兵，立下战功，得到提拔。

当时德干西北部盘踞着马拉塔的势力，与莫卧儿帝国争来斗去。长期以来德干地区就是这个马拉塔、尼扎姆和迈索尔三股势力相互缠斗，并且与卡纳蒂克的纳瓦卜还有英国搅和在一起。第二次卡纳蒂克战争时，迈索尔王国站在英国一方，但不久双方闹僵成为敌对关系。在这个过程中，海德尔率军从背后奇袭尼扎姆军队，被迈索尔王国提拔为重臣，后在中央的权力斗争中胜出，1761年成为迈索尔王国真正的统治者。也是在这一年，马拉塔与入侵的阿富汗杜兰尼王朝军队在德里北方决战失败，称霸北印度的梦想破灭。

　　第一次迈索尔战争的爆发是在海德尔掌握实权后不久的 1767 年。马拉塔、尼扎姆与英国三方结盟计划瓜分迈索尔，海德尔通过巧妙的外交手段与马拉塔和尼扎姆达成停战，并乘机攻打了马德拉斯。海德尔 18 岁的儿子蒂普身先士卒冲锋在前。后尼扎姆倒戈，战线由于英国从背后攻击扩大到马拉巴尔海岸。1769 年海德尔再次奇袭马德拉斯，迫使英国讲和，签订了《马德拉斯条约》。

　　其后，迈索尔又遭到马拉塔的进攻，因马拉塔

图 23　普拉鲁鲁之战，塞林伽巴丹的夏宫壁画（局部）

的内斗躲过一劫。1780 年马拉塔与法国结盟，挑起了第二次战争。这次战争中，海德尔与蒂普父子在甘吉布勒姆（Kanchipuram）北方的普拉鲁鲁击败了贝利上校指挥的英军救援部队，俘虏了贝利上校以下的英军，把他们关在塞林伽巴丹城的监牢里。描绘这场胜利的壁画仍留存在塞林伽巴丹的夏宫中。战况向着有利于迈索尔的方向发展，但 1782年海德尔因恶性肿瘤病逝于远征途中，31 岁的蒂普接过军权继续战斗。

蒂普苏丹的统治与外交

在此期间，英国使用各个击破的外交手段瓦解了迈索尔与尼扎姆、马拉塔的联盟，法国也因为在欧洲本土和英国签订了休战条约而停战。蒂普把英军包围在马拉巴尔海岸的门格洛尔（Mangalore）要塞，战况陷入胶着状态。1784 年英国归还掠夺的城池，双方在门格洛尔签订条约，战争结束。从此开始了蒂普苏丹的时代。

有研究指出海德尔
与蒂普虽是亲父子，但有
鲜明的差异。海德尔是
出身低微的武夫，缺乏文
化修养，但在调兵遣将
和运筹谋略方面，远在蒂
普之上。他虽是穆斯林，
但对信仰并不十分严苛。
蒂普刚好相反，他接受的

图 24　蒂普苏丹的画像

是精英教育，精通波斯语、阿拉伯语，对伊斯兰教的
信仰坚定。他还掌握了法语，对欧洲的新文明、新技
术很有兴趣，常常引进为己所用。他是一个勤奋的理
想主义者，不愿妥协，往往遵循自己的信念采取行动。

可以想象，签订了《门格洛尔条约》回到首都的
蒂普埋头政务，全身心地推行王国的行政改革和军队
的现代化建设。1785 年他颁布的"瓦姆鲁鲁第二县"
征税法令留存至今。下面以上条安规子氏的研究为
参考，来看看蒂普的行政改革。这个县的具体位置不
明，好像在塞勒姆（Salem）附近，此法令应该同样

适用于其他地区。总之蒂普通过此法令，扫除了曾经在地方统治中发挥了重要作用的当地城主势力，由中央任命并派遣称为"阿米尔"的官僚对县进行管理。

对处于统治末端的村落，蒂普废除了以世袭村长为首的村吏们的各种特权，把他们的任命权交给阿米尔，并严格追究其纳税责任。阿米尔全面掌握县的农民和种姓情况，开展村落耕种调查。换言之，阿米尔不单要征税，还被赋予了县的行政管理职责。蒂普通过这种方法，尝试对王国实行中央集权统治。

渡边建夫氏以蒂普苏丹的生涯为切入口，考察当时印度王权的存在方式，他在著述中记述了蒂普如何勤勉，如何事无巨细亲自下达各种指示。在这方面，蒂普无疑是当时印度国王中的一个杰出人物。为了扩大贸易、提升海军实力，他还聘用了大量法国人，积极引进欧洲先进技术。诚如渡边建夫氏所说，从这个意义上来讲，蒂普相当于当时欧洲启蒙君主一样的存在。不过，蒂普是个狂热的穆斯林，严禁军队饮酒。而且他用英军俘虏饲虎的传闻甚广，英国人对他又恨又怕，认为他是一个残忍的东方专制君主。

蒂普另一个有特色的政策是向外国派遣使臣。1786 年，为了向奥斯曼土耳其派遣使臣，他特意打造了四艘船，实现了让哈里发承认自己君主正统性的目的。但他希望和土耳其缔结攻守同盟共同对付英国的想法，却因为土耳其遭受俄国南下的威胁，不得不与英国一步步走近而失败了。为强化同盟关系，1787 年他也向法国派遣使臣，但使臣到达的是大革命前夜的巴黎，虽然见到了路易十六，法国也根本顾不上与遥远的印度签订条约，因此一无所获。

而就在这样的外交周旋中，蒂普与英国的关系越发恶化。在英国推动下特拉凡哥尔（Travancore）王国挑起争端，1790 年蒂普率军攻打喀拉拉，第三次战争开始。在孟加拉总督康沃利斯（Cornwallis）的周全谋划下，尼扎姆、马拉塔与英国结成三角同盟。而另一方面，国内发生了大革命的法国没有派军支援迈索尔。两年后，为保存实力，蒂普选择屈服于三角同盟，签订了屈辱的条约，将迈索尔王国的一半领土割让给同盟国，并支付巨额赔款，蒂普的两个儿子被作为人质送给了英国人。

最后的战斗

　　但是蒂普不愿认输，他开始着手建造舰船，并向西亚诸国派遣使臣。塞林伽巴丹城居住着很多法国人，最晚在 1794 年，他们组建了雅各宾俱乐部，蒂普被推选为名誉会员。他一直寻求法国的帮助，远征埃及途中的拿破仑确实回复了蒂普的亲笔信，但法国没有派遣援军的余力，那封回信也没能送到蒂普手中。这期间，英国也在加快准备与迈索尔的战争，1798 年与海得拉巴缔结了军事保护条约，并对马拉塔采取怀柔政策。终于在 1799 年，第四次战争开始了。

　　同盟军占有绝对的优势，塞林伽巴丹被围。尽管有多次投降讲和的机会，但蒂普坚决抗击到底。5 月 4 日，最后的进攻开始了。在英国大炮的狂轰下，城墙坍塌，塞林伽巴丹被攻陷。蒂普的遗体发现于北城门附近，他的儿子们投降了。第三次战争时，蒂普多受背叛之苦，因此一旦发现有人通敌便严厉处决，但据说在最后的决战中，也是叛徒加快了塞林伽巴丹的陷落。

英国吞并了迈索尔王国，他们宣称海德尔与蒂普父子是篡位，扶植旧瓦迪亚尔王朝后裔充当傀儡藩王，并与这个迈索尔藩国签订了军事保护条约。原蒂普的第一重臣、出身婆罗门的普尔尼亚成为辅佐藩王的宰相，首都迁往迈索尔。那个勤勉国政、具有当时印度所欠缺的国际视野，让英国人惧怕、被称作残忍的"迈索尔之虎"的理想主义者——蒂普苏丹，他的王国灭亡了。

蒂普的一生被讲述得过于理想化，也许有违真实。他往奥斯曼土耳其和法国派遣使臣没有达到预期目的，不可否认有天不时地不利的原因。但假设法国真的派了援军，蒂普胜利了，难道法国就不会像英国一样对印度进行殖民统治吗？会产生这样的疑问吧。有人曾指出，蒂普的统治太理想主义，这对他统治下的百姓来说就显得过于苛刻，隐约体现出与他父亲对比鲜明的精英教育的弱点。但是无论如何，与当时印度以及亚洲其他各国统治者相比，蒂普身上确实让人看到了闪耀的光辉。他的生涯被拍成印度国营电视台的历史连续剧在全国播放。

参考文献

Praxy Fernandes, *Storm over Seringapatam*, Thackers, Bombay, 1969

K.M.de Silva（ed.）, *History of Ceylon*, vol. 3, University of Ceylon, Peradeniya, 1973

Bhagwan S. Gidwani, *The sword of Tipu Sultan*, Allied Publishers, New Delhi, 1976

上條安規子 "ティブ・スルタン権力の県・村支配" 辛島昇編《インド史における村落共同体の研究》東京大学出版会、1976

渡辺建夫《インド最後の王 —— ティプー・スルタンの生涯》晶文社、1980

佐藤正哲・中里成章・水島司《ムガル帝国から英領インドへ》（世界の歴史 14）中央公論社、1998

辛島昇・坂田貞二編《世界歴史の旅 —— 南インド》山川出版社、1999

14/ 印度的女性主义

—— 印度教的女性歧视与女神崇拜

《摩奴法论》中的女子"三从"

这一章的主题是南亚的女性主义。20多年前，印度女诗人卡玛拉·达斯（Kamala Das）的自传《我的故事》（*My Story*，1976）在印度社会引起轰动。她在书中坦露了自己与男性的风流史，直言自己经常会与丈夫以外的多情男产生恋情，并穿插了不少性描写。这样的内容对日本读者来说没什么大不了的，但在印度造成了很大的轰动，因为印度不允许这样的事情发生，即便发生了，也决不能讲出来。

在传统的印度教社会中，女性的人格几乎得不到承认。打开古代规范印度教徒日常行为的《摩奴法论》就非常清楚，里面有对女性的如下规定：

> 未嫁从父，已嫁从夫，夫死从子。女子不得享受独立地位。
> 即使丈夫性情恶劣、肆意妄为、毫无优点，贤妇也应该敬之若神明。

前一条即所谓的"女子三从"，后一条是说丈夫是妻子的神。这些规范成立于婆罗门势力逐渐壮大的公元前后，虽然不清楚在后来漫长的历史时期里，人们实际在多大的程度上遵守它，但不管怎么说，这本法论里可以清晰读到对女性绝对蔑视的思想。《摩奴法论》也规定丈夫应该尊敬妻子，但仔细读一读会发现这个"尊敬"的意思，不过是给予女性首饰、衣服、食物，让她们高兴而已。因为女性是供男性享用的东西，所以要多加爱护。

在所有这些女性歧视中，最臭名昭著的是丈夫死后妻子须投身于焚烧丈夫遗体的火中殉死，即萨提（Sati，寡妇殉夫）风俗。大航海时代到达印度的西洋人曾记述了他们目睹此风俗时的惊骇。当然，具体实行情况有多频繁并不清楚，也不知道人们是抱着怎样的心态去实行的。据说实际上会先让女性服下麻药，在她们意识模糊时把她们推入火中。倾尽全力禁止这种风俗的是在 19 世纪孟加拉社会改革运动中挺身而出的罗姆·摩罕·罗易（Rām Mohan Roy），在他的努力下，总督本廷克

（Bentinck）在 1829 年通过法律明确禁止了萨提。

与萨提同为印度社会"恶习"而造成一大社会问题的是童婚，即女性在月经初潮前成婚。这个风俗逼迫女性付出了巨大牺牲，但直到 1929 年才在法律上被正式禁止。但很多地方并不遵守，1973 年女性最低结婚年龄提高到 18 岁，但直到最近，农村女性十五六岁结婚都是极为平常的事。前面提到的诗人卡玛拉·达斯虽出身名门，也在 15 岁时被强迫嫁人，她正是因此开始反抗不把女性视为独立个体的社会。

喀拉拉的女性问题

卡玛拉出身于印度半岛南部临海的喀拉拉。这个地方直到 20 世纪中叶仍存在一个非常严重、又非常特殊的女性问题。当地的南布迪里婆罗门[1]在婚姻方面有一个特殊的习俗，即只允许长子和南布迪里

---

1 南布迪里婆罗门：喀拉拉邦占统治地位的婆罗门种姓之一，强调自己的正统性，认为自己是古代吠陀和传统印度教法典的真正保存者。——编者注

女性结婚成家,次子及以下的男子则以入赘的形式和下位种姓纳亚尔的女性结婚,婚姻形式松散。这是因为纳亚尔是实行母系制的种姓,由此形成了特殊的婚姻习俗。最可悲的是南布迪里的女性,由于只能嫁给南布迪里的长子,很多南布迪里女性失去了结婚的机会,或只能嫁给丧偶的上了岁数的男性。而南布迪里的男性一方,作为最高种姓拥有特权,同时受到纳亚尔松散婚姻关系的影响,在男女关系上盛行颓废堕落风气。与多名女性发生关系、把娼妓带回家,这些行为在他们眼里是完全理所当然的事。

在这样的社会中,一位饱尝了我们无法想象的屈辱的南布迪里女性塔图丽,决定实施报复,她的故事被写成了小说。年轻的塔图丽嫁给了同样年轻的南布迪里男性,这本是非常幸运的事,但婚后不久丈夫就把娼妓带回了家。无法忍受的她回了娘家。娘家还有遭婆家欺凌而出现精神问题的姐姐和未婚的妹妹们。塔图丽每天偷偷地从窗户眺望外面的世界,消解心中的愁闷。但是因为她向视线相碰的男性投以微笑,遭到了非议,和嫂嫂也产生了争执，最后只好离家出走。她决心报复丈夫，于是隐瞒自己的南布迪里身份，成了街头的流莺。当地名士们慕名争相前来求欢，终于有一天，她接待了自己的丈夫。起初丈夫没有认出她来，欲望满足后，得知塔图丽身份的他大为惊愕。

塔图丽表明了自己的真实身份，她被送上了种姓法庭，南布迪里身份被剥夺了。但在审判过程中，她告发了南布迪里社会中男性的为所欲为，多名曾向她买欢的上层社会人士因此而家庭崩溃。后来据说南布迪里家庭都害怕提到塔图丽的名字。很快，南布迪里社会的改革活动越来越多，纳亚尔种姓的母系制也改变成父系制的一夫一妻小家庭。导致塔图丽悲剧的奇异社会状况走向了消亡。

但是，今天印度社会仍然存在普遍的女性歧视、女性蔑视，出版了告白自传的卡玛拉的遭遇就是证明。她虽然得到年轻人的支持，被奉为女性解放的旗手，但依然被传统社会盖上了荡妇的烙印，受到强烈指责。1984年，她在喀拉拉邦首府特里凡得琅（Trivandrum）参选议会议员落选了。

普兰·黛维与英迪拉·甘地

更加雄辩地说明当今印度女性歧视状况的，是日本也曾报道过的"火烧新娘"。在印度教社会中，不同的种姓有一些不同的习俗，但一般在男女结婚时，女方都要向男方支付高额礼金作为嫁妆，婚后也要给予男方一定的金钱和物品。如果给少了，新娘就会受到婆家欺凌，甚至频发新娘被烧死的事件。而做丈夫的会再次结婚，继续索取礼金。女性总是被置于弱势地位，社会的矛盾都压在她们身上。

不过最近出现了一位女性，以不同于卡玛拉的形式公然与社会对抗，这就是引起人们议论纷纷的"女匪普兰·黛维"（Phoolan Devi）。她出生于低位农业种姓的一个贫穷家庭，吃过很多苦，婚后又受到丈夫的虐待，最终加入了匪帮。不久她成为一派首领，向那些曾轮奸自己的地主们发起报复，袭击并杀死了他们。当地的人们为她的行为叫好，她得以免责，甚至被选为议会议员。

人们对普兰·黛维的喝彩并把她选进议会，让我们看到了印度女性状况的另一面。这是与上述的女性歧视完全不同的一面，即在印度和其他南亚国家，女性的活跃同样让人瞠目。例如，推行令人忌惮的铁腕政治，最后死于被镇压的锡克教徒枪弹下的印度总理英迪拉·甘地（Indira Priyadarshini Gandhi）；同样继承父亲的遗志从政，几经沉浮，一生坎坷的巴基斯坦总理贝娜齐尔·布托（Benazir Bhutto）；父母都当过总统，现下自己正出任总统的斯里兰卡的钱德里卡·班达拉奈克·库马拉通加[1]（Chandrika Bandaranaike Kumaratunga）。还有孟加拉国，也涌现过多位女总理。

她们的共同点是都继承了父亲的衣钵，而且在巴基斯坦、孟加拉国，这样的情形发生于伊斯兰文化背景下，所以不能把她们单纯看作女性力量的表现。不过，印度次大陆的宗教中历来有女神崇拜的传统，这两者之间有无可能具有某种关联呢？印度

---

1 1994—2005 年任斯里兰卡总统。——编者注

教中的女神崇拜是非常清晰的，英迪拉·甘地和普兰·黛维一样，我认为人们对她们的女性力量抱有期待和信赖。全盛期的英迪拉在农村演讲时，人们把她视作女神膜拜。

女神崇拜与印度密教

在雅利安人进入印度入次大陆前，原住民文化中的女神崇拜传统已经根深蒂固，这从古印度河文明遗留下来的文物地母神与林伽等可见一斑。女神信仰与雅利安文化本不相容，但随着雅利安文化与原住民文化的相互交融，5至6世纪后作为印度教信仰体系的一部分重新登上舞台。多数情形下，各地的女神都是以湿婆妻子的身份被纳入整体的印度教传统中。如孟加拉地区人气最高的杜尔伽女神、马杜赖的米娜克希女神（Meenakshi）等就是其中的典型。不难想象，在击溃地主的女匪首普兰·黛维身上、在演讲中挥舞拳头高呼消除贫困的英迪拉身上，人们看到了为保护百姓而勇敢与水牛头恶魔战斗的女神杜尔伽的身影。

　　也就是说，在印度传统文化中同时存在着女性歧视、女性蔑视与赞美女性力量的女神崇拜这两个相反的传统。简单地说，前者来自于雅利安民族产生的婆罗门文化，后者植根于原住民族的文化传统中。这两种传统，在当今印度社会奇妙地生成了对待女性的两种截然不同的态度。那么，这两种传统是完全单独存在、互不交集的吗？绝不是这样的。为统一两者的努力在印度文化中切实可见。

　　例如，印度密教便尝试把女性原理与男性原理统一起来。用几句话很难解释清楚什么是密教，概括而言，即尝试通过把静态的男性原理与动态的女性原理相结合，以实现终极宇宙原理，并由此获得解脱。这种一元论思维几乎是在女神信仰盛行的同一时期发展起来的。其中最为强烈的表现形式是把女神萨克蒂作为最高神的性力派。在这个时期，信奉男神湿婆的湿婆派和信奉毗湿奴的毗湿奴派也在相当大的程度上向密教倾斜。此倾向从 10 世纪左右开始迅速扩大影响，克久拉霍城（Khajuraho）中以男女交合为主题的雕像群，就是这种倾向的一种视觉表达。在晚些时候出现的巴克提信仰中，随着克利须那崇拜的发展而出现的拉达与克利须那伴侣形象也是继承了这个传统。

印度女性主义的可能性

本节从女性主义视角来重新审视上面提到的印度女性问题。世界女性主义运动的第一次浪潮是指19世纪至20世纪前半期勃发的女性解放运动。这个时期西欧社会的女性也处于被欺凌的地位，她们掀起了女性解放的斗争，日本也从明治时期陆续开展了女性解放运动。在印度，无论是喀拉拉邦的塔图丽、现代被烧死的新娘，还是遭受地主凌辱的普兰·黛维，她们的遭遇都属于女性主义运动第一次浪潮中的问题，可以定义为争取解放的斗争。如果说日本女性解放的斗争对象是儒教伦理，或者说封建道德，那么印度女性的斗争对象是与种姓制度紧密相连的印度教伦理（从前面提到的《摩奴法论》

中即可清晰看到），而且至今仍在不断斗争中。

相比于第一次浪潮，1960 年以后的第二次女性主义浪潮，要求改变以男性为中心的性别歧视文化。那么，在这次浪潮中，印度的情况如何呢？高科技产业集中的城市班加罗尔，被称作印度的硅谷，1996 年 11 月在这里举行了美女云集的世界小姐选美大赛。当时反对大赛的女性包围了会场，与安保部队发生了冲突，还有一个男学生自焚以示抗议。可见，女性主义运动的第二次浪潮也实实在在地影响到了印度。卡玛拉自传中提到的问题，与普兰·黛维的不同，超越了第一次浪潮中的斗争，应该属于批判男性中心主义的第二次浪潮。

但是卡玛拉在 20 世纪 90 年代接受某文艺杂志的采访时说："我的女性主义，与西方的女性主义不一样。我和男人在一起时感到无限的喜悦。"她在自传中写道，自己与男人丰富的性交往，目的是至少在肉体上背叛丈夫，也就是说，当以解放自我为目的的"遍历"男性时期走向尾声时，便抵达了克利须那神的爱。印度教中克利须那神与牧羊女拉达的爱构筑了一个甘美的爱情世界，是以巴克提（皈依）为信仰形式的毗湿奴派男性原理与女性原理的结合，卡玛拉最后所追求的正是密教倡导的通过男女交合获得通向宇宙原理的解脱。

我们可以把卡玛拉的女性主义视作一种没有鲜明性别立场的母性主义而一笑带过。但如果把她的女性主义放在印度教的框架中重新审视，有没有可能发现些可以充实世界女性主义的内涵呢？第二次浪潮结束时，印度的女性主义又会走向何方？试图统一两个截然相反的原理的印度传统思想，有无可能创造出新的女性主义思想呢？

参考文献

渡瀬信之《マヌ法典 —— ヒンドゥー教世界の原型》中公新書、1990

マドゥー・キシュワール / ルース・バニタ編《インドの女たち》鳥居千代香訳、明石書店、1990

エリザベス・ビューミラー《一〇〇人の息子がほしい —— インドの女の物語》高橋光子訳、未來社、1993

粟屋利江 "インド女性史研究の動向"《南アジア研究》第七号、1995

ジョアンナ・リドル／ラーマ・ジョーシ《インドのジェンダー・カースト・階級》重松伸司監修訳、明石書店、1996

バーバー・パドマンジー／パンディタ・ラマーバーイー《ヒンドゥー社会と女性解放》小谷汪之・押川文子訳、明石書店、1996

カマラー・ダース《解放の女神 —— 女流詩人カマラーの告白》辛島貴子訳、平河出版社、1998

マラ・セン《プーラン・デヴィの真実》鳥居千代香訳、未來社、1998

Lalithambika Antherjanam, *Cast me out if you will*, tr. Gita Krishunankutty, STREE, Calcutta, 1998

15/ 圣雄甘地的尝试

—— 转动纺车

从出生到南非时期

本章考察为印度独立奉献一生的圣雄甘地，但考察的重点并非作为印度独立运动斗士的他，而是探究他毕生所追求的到底是什么。不过，在这之前还是必须先回顾一下他的生平。

1869 年 10 月 2 日，甘地出生于博尔本德尔（Porbandar）。那是古吉拉特邦面向阿拉伯海的半岛上的一个小镇。他的父亲曾是一个小藩王国的宰相，祖上原是从事食品生意的商人种姓摩多巴尼亚（Modh Baniya）的印度教徒，从祖父一代开始辅佐藩王。甘地的母亲是个对信仰极为虔诚的人，严格吃素，据说经常绝食以求家人的平安。甘地从母亲那里继承了包括绝食在内的不惜自我牺牲的虔诚印度教徒的优良传统。小镇上生活着很多耆那教徒，对他也产生过不小的影响。

学生时代的甘地腼腆但内心坚韧，憎恨不公。13 岁时，他遵循当时的风俗，与一位同种姓的少女卡斯图巴结了婚。卡斯图巴虽与甘地同年，但没有接受过什么教育，一生都不会写字。16 岁时甘地的父亲去世，19 岁时他担负着家族荣誉去英国留学。最初他渴望像一个英国绅士那样生活，买了燕尾服和礼帽，学习法语，还练习跳舞。但中途他觉得这样没有什么意义，开始专心读书准备律师资格考试。

他遵守与母亲的约定坚持吃素，但这在英国颇为不易，直到他找到一家素食餐厅才得以解决。他还发现了吃素的积极意义，组建了一个素食者协会。在伦敦学习期间，他接触了印度教的古典文献，被《薄伽梵歌》的优美深深打动。与此同时，他也阅读了基督教和佛教经典，深受感动。留学的第三年，他通过考试取得了律师资格，在伦敦高级法院注册后直接回了国。在孟买，他从兄长那里得知了母亲去世的消息。甘地后来在孟买当上了律师，没过多久，兄长的一位居住在南非的朋友请他帮忙打官司，于是他飞往了纳塔尔（Natal），计划待一年左右。

在南非期间，他遭遇了针对有色人种的严重歧视，命运发生了根本转变。乘坐一等车厢的他，在高原上的某个车站被连人带行李赶下火车，在寒冷中瑟瑟发抖地度过了一夜，他的内心于是产生了巨大波澜。自那以后，他开始参加为南非的印度侨民争取权利的运动，帮朋友打完官司后继续留在当地，组织活动抗议限制印侨选举权的法律和被称作"黑法令"的亚洲人登记法。他抛弃了英国生活方式，修建凤凰新村、托尔斯泰农场，与参加运动的人们共同生活。

在这些运动中，他提出了称作"萨提亚格拉哈"（satyagraha）的非暴力不合作的斗争主张。这个主张通过他回国后领导的独立运动广为人知，其发端就是在南非。算上中途临时回国，他在南非共待了 21 年，1915 年回国时已经 45 岁了。他在南非和印度国民大会党取得联系，回国后在艾哈迈达巴德（Ahmadabad）创立共同生活的真理学院，与国大党一道推动独立运动的开展。

与印度国民大会党在一起

回国后的甘地最初籍籍无名。但很快，他成功迫使英国人减轻了对巴哈尔靛青农民的剥削，接着调停了艾哈迈达巴德纺织工厂的劳资纠纷，从而一举成名。调停过程中，他采取了绝食抗议的方式，这也是他在后来领导的运动面临危机时常常采用的方式。印度在第一次世界大战中协助了英国，英国却在1918年制定了镇压印度民族解放运动的《罗拉特法案》，为了反对这一法案，甘地发动了全国性罢工进行抗议。这不是简单的罢工，人们放下手边的工作，集会、绝食，为印度独立进行祈祷。甘地的非凡之处就在于，他把罢工与印度生活传统中的绝食和祈祷结合在一起，抗议过程中各地秩序井然，并取得了胜利。独立运动由此势头高涨，但随后发生了阿姆利则惨案。印度各地都举行了要求撤销《罗拉特法案》的抗议集会，但有的地方发生了有违甘地初衷的暴力冲突。1919年4月13日，男女老少近两万民众在阿姆利则公园举行抗议集会，英国戴尔准将命令装甲车堵住公园广场入口，指挥军队对无处可避的民众进行无差别射击，据印度的统计，伤亡人数多达1500人。

印度全国纷纷抗议惨案的发生，人们站出来

响应甘地的不合作主张。在这次抗议中，愤怒的乔里乔拉村农民冲进警察局，烧死了 22 个警察。甘地受到严重打击，他不顾尼赫鲁等国大党干部的反对，宣布立刻中止势头正盛的非暴力不合作运动。他的理由是人们尚未真正理解非暴力的意义。甘地被捕入狱，出狱后他暂时从政治活动中抽身，开始致力于纺线织布、废止贱民制度、消除印度教徒与穆斯林的对立等"建设性纲领"的实践。

他再次登上政治舞台、受到人们关注是在 1930 年，在这一年，以 1928 年西门调查团访印为契机，印度争取完全独立的斗争高涨。甘地想出了新的非暴力不合作抵抗方式："食盐进军"运动。英国政府的食盐法剥夺了印度人制盐的自由，甘地宣布要亲自去海边制盐，破坏英国人制定的恶法。他率领一众信徒从艾哈迈达巴德真理学院出发，经过 24 天的长途跋涉后到达海边，用海水煮盐。甘地立即遭到逮捕，但是印度全国因此再次沸腾起来，人们争先恐后奔向海边制作食盐，结果是有十万多人被抓进了监狱。

焦头烂额的英国人决定在伦敦召集印度各方势力代表举行圆桌会议，讨论印度的自治问题。经过谈判，英国与印度国民大会党达成妥协，甘地作为代表前往伦敦参加第二次会议，但英国人利用宗教与种姓的对立孤立了甘地，会谈无果而终。不过借此次访英，甘地与罗曼·罗兰、卓别林等不少人建立了深交。回国后，他再次被投入狱中。1932 年，出现了贱民分区选举的问题。英国提议为保护贱民设置专门的贱民选举区域，遭到了甘地的强烈反对，他认为这是对贱民制度的维护，为表示抗议，他宣布自己将绝食至死。曾支持分区选举的贱民领导人阿姆倍伽尔也不得不向甘地妥协，提案最终被撤销。

从第二次世界大战到印度独立

从那以后，甘地专注于废除贱民阶级的运动。1935 年，英国公布新的"印度政府组织法"，在地方行政方面，印度人民获得了自治权。1937 年的选举中，5 个省组建了议会政府，两个省组建了穆斯林联盟政权。但是英国并不打算真正承认印度的自治。1939年第二次世界大战全面爆发，形势急转，1941年太平洋战争令战火扩大到东南亚一带，直接威胁到印度。但即便如此，英国也不愿承认印度自治，于是国民大会党共同决议"把英国赶出印度"，展开了强有力的不合作运动。同时，穆斯林联盟也要求巴基斯坦独立。以甘地为首的议会派领导人均被逮捕。在这场波及全国的骚动中，甘地共同生活了60多年的发妻卡斯图巴去世，与尚在狱中的他永别了。

　　战争结束后，英国终于下定决心对印度放手。但问题是如何放手，尤其是在"分治"政策下，主张建设一个印度教徒和穆斯林合一的印度的国大党，与要求建设单独的穆斯林国家的穆联这两大势力互不相让，该与哪方谈判为好呢？在此过程中，印度教徒与穆斯林的冲突成了关键性影响因素，1946年8月后双方信徒在旁遮普和孟加拉地区开始相互杀戮。甘地为调解双方火速赶往加尔各答，废寝忘食地奔走在孟加拉和比哈尔各地。

　　1947 年 8 月，印度与巴基斯坦分别独立，但在德里举行的印度独立庆典上却不见甘地的身影。他依然奔走在血雨腥风的加尔各答，努力调解两派教徒的对立。印度独立后，他在去旁遮普途中曾返回了一次德里。1948 年 1 月 30 日，在去落脚的寓所进行晚祷的途中，甘地被一个狂热的印度教徒枪杀了。理由是甘地对穆斯林过于让步。据说被子弹击中时，甘地口中喃喃念道：哦，神啊！

近代文明国家批评

　　以上便是甘地的生平事略，下面来考察甘地毕生追求的是什么及其意义。日本出版了包括译本在内的大量研究甘地的著作，本节内容以此为参考，尤其是森本达雄、长崎畅子、田畑健、片山佳代子等人的研究成果。甘地本人也留下了数量庞大的著作，其中颇受关注的是他在从伦敦前往非洲的船上一口气完成的著述《印度自治》。该书采用了读者与编者对话的形式，编者乃甘地，读者设置成了一个在伦敦遇到、想用诉诸暴力解放印度的印度青年。

这个青年与当时在日俄战争中取得胜利的日本一样，主张改革印度、建设军队，急于向全世界彰显荣光。对此，甘地说："你的实际意思是这样：我们只要英国式的统治，而不要英国人。你要老虎的天性，不要老虎。就是说，你要使印度成为'英国化'……这个不是我所要求的'沙瓦拉咭'（自治）。"[1] 在甘地看来，"日本也有英国旗帜在那里飘扬，并不是日本的"，他对日本已经变成英国风格感到悲哀。他理想中的印度独立不是这样的。

那么，甘地到底希望印度往何处去呢？在说到印度的现状时，他说："印度并不是压抑在英人铁蹄之下，而是压抑在近代文明之下。"他认为一味追求欲望与舒适，把一切交给机器去做的近代文明是应该被当作"恶"谴责的。这番话让我们想到卓别

---

1 《印度自治》的相关内容参考了谭云山译《汉译世界名著·印度自治》，商务印书馆，1935 年。

林的电影《摩登时代》，以及甘地在伦敦和卓别林、罗曼·罗兰等人的交谈。甘地认为英国等西欧诸国，也包括日本，深受近代文明毒害，印度绝不能步其后尘。因此，必须把印度从英国的统治下解放出来的同时，也不能让印度变成英国式的国家。他所追求的不仅是印度要摆脱英国统治，在政治上获得独立，还要保卫印度免受以机械为象征的近代文明的坏影响，他要建设一个新社会。

内心的改革与乡村手工业

对于文明，甘地不只是批判其机械的运用，他还说："所谓文明，应该便是行为的模型，她指示达人生的义务的径途。尽义务与守道德，是她的别词。守道德，便是管束我们的心灵与节制我们的欲望……在咕甲拉梯文（即古吉拉特文）中，与文明同等的字便是'好行为'。""我们的祖先，把我们的放纵之心加了一个限制，他们知道，快乐大体上是一种精神的状态……"但是，不知为何大家忘却了这些,"自己把印度送给了英国"。从上面的引述中可以了解,对甘地来说最重要的是内心的问题。他要回归的文明,是以追求真理(正确的事)为目标、克制自我的文明。

甘地在与英国的斗争过程中宣讲并实践的非暴力、不合作、绝食、素食等,都是为了证明他所理解的文明是内心的问题。他相信如果印度人能做到这些,那么英国人不仅会主动从印度撤走,还会向印度学习,甘地所做的就是这样一种极具精神性的实践。当然,他还是一个比谁都熟知妥协之道的灵活的政治家,所以才能在与英国的谈判中取得多次"胜利",他真正追求的是人内心的变革,是爱的回归。

在具体问题上,他对铁路、电、药物等文明的一般性成果统统持否定态度。因为那些代表着快乐和堕落。可是,如果真的没有机械,现实中人们该如何活下去,又该用什么来支撑日常生活呢?对此,甘地重视的是自古以来的乡村手工业。他的手纺车运动广为人知,纺车纺线,手工织布,在他看

来是通往真正精神自救的途径。当然这种行为不过
是一种象征，但甘地在其他地方也说过"我们为了
得到粮食必须劳作。我们的食物只能是挥汗付出而
得"，"使用机械，肯定会方便得多，但那未必会带
来快乐。堕落是容易的，也是危险的"。

　　他认为印度社会的复兴关键在于"乡村的自
治"，他说："对乡村的压榨本身是有组织性的暴
力。如果我们要在非暴力基础上实行'沙瓦拉咭'
（自治），就必须让乡村自治。没有乡村工业的复兴，
不可能有真正的自治。因此，不管是外国资本还是
国内资本，城市工厂生产出来的东西一律不要用，
要使用乡村制造出来的东西，这非常重要。……土
布是乡村主要的手工业。如果杀死土布，就是杀死
乡村，连同非暴力将一道被埋葬。"

我们的问题

　　甘地著作等身，我无法引述更多的内容。但从
上面的只言片语中，还是可以清楚地看到他对近代

文明持明确的否定态度。他认为真正的经济学也必须具有伦理性。但问题是，我们所有人能够经常克制住我们的欲望吗？仅靠农业和以土布为象征的手工业，人们的生活真的能够得以维系吗？答案恐怕是"NO"。

当今机械文明的发展已经远超甘地的预想，出现了飞机、电视、电脑、宇宙飞船等。但是与此同时，甘地曾预测并感到不安的近代文明、机械文明之"恶"，也确实开始威胁我们的生存。现在的印度也成了一个和当年甘地为之悲哀的日本一样的威胁他国的军事大国。另一方面，已跻身世界科技先进国家行列的日本，今后又将往何处发展？我们要怎样才能建设一个非暴力、自我克制的社会？甘地毕生的努力就是对这个追问的求索。今天我们终于开始认识到与自然共生存的重要性，缩减核军备的意识也开始增强，我们有必要再重新思考甘地留下来的这些话的深意。

参考文献

森本達雄《ガンディー》(人類の知的遺産・六四)講談社、1981

ガンジー《ガンジー自伝》蠟山芳郎訳、中公文庫、1983

辛島昇《ガンジー》(少年少女伝記文学館 19) 講談社、1989

長崎暢子《ガンディー —— 反近代の実験》岩波書店、1996

M. K. ガンジー《ガンジー　自立の思想》田畑健編・片山佳代子訳、地湧社、1999